歴史文化ライブラリー

34

浦上キリシタン流配事件

キリスト教解禁への道

家近良樹

吉川弘文館

目次

キリスト教禁止の高札撤去

1

キリスト教禁圧はいかにして解かれたか——流配事件と信教の自由

オウム事件

一九九五(平成七)年は、日本の宗教史上まことにショッキングな事実が白日のもとにさらされた年として、後世に残るであろう。いうまでもなく、オウム真理教関係者によって引きおこされたとされる一連の事件の内実があばかれ、世の非難をあびた年としてである。

これら一連の事件は、被害者が多くでて、社会にあたえた衝撃があまりにも大きかったために、破壊活動防止法の適用の対象となり、また事件をきっかけに、宗教法人法が改正された。そのため、はからずもわれわれは、信教の自由はどこまで許されるのか、国家は宗教活動にどこまで干渉しうるのかといった問題を考えざるをえなくなった。

これはしばしば指摘されることだが、日本人は一般的にいって、宗教に淡泊で自分に直接危害がおよばないかぎり、他人の信仰に関してとやかく言ったり、関心をもとうとはしない。ましてや、日本国憲法の条文に信教の自由についての規定があることは漠然とは知っていても、それを自分自身の問題として、日常生活のなかで意識し、考えつづけている者はまれといってよかろう。

そこに一連の事実が徐々に明らかにされていったのである。その結果、われわれ国民がなによりも驚かされたのは、たとえ教団の維持のためとはいえ、信仰に生きる者が人間をあやめ、傷つける行動をおこしたことである。これは従来の宗教団体の行為からはとうていおもいもつかない逸脱であった。文字どおり想像を絶することがおこったのだ。

もちろん、宗教活動が営利行為とむすびつき、そこに犯罪がからまることは今までにもあったが、これだけ柔らかな心を欠いた非情な事件は発生したことはなかった。

だから、当然のことながら、特定の教団の活動を破防法のような極めて問題のある法律によって徹底的におさえこみ、信者の信教の自由をほぼ完全に認めないようにするといった荒々しい措置をとる必要はこれまではなかった。すべては、なあなあでやってこれたのである。それが不可能になりつつある。

考えてみれば、西欧のように、激しい宗教戦争を経験したすえに、信教の自由を承認した歴史をもたない日本人が、信教の自由をまがりなりにも保証されるようになったのは、一〇〇年ほど前のことであった。一八八九（明治二十二）年の二月十一日に発布された大日本帝国憲法の第二八条に、「日本臣民ハ安寧秩序ヲ妨ケス、及臣民タルノ義務ニ背カサル限ニ於テ信教ノ自由ヲ有ス」との明文がかかげられて、はじめて信教の自由なるものを手にいれたのである。

しかし、それは時の政府から一方的にあたえられ、めぐんでもらったものではなかった。政府からかちとったものであった。

一八六八（明治元）年、維新政府が成立したとき、数はごく限られてはいたものの、九州は長崎地方に、信教の自由をもとめる一群の人々がいた。いわゆる隠れキリシタンとよばれた人々であった。だが、成立したばかりの維新政府は、「旧弊一洗」「御一新」を合言葉に、旧来の制度、文物、風俗の徹底的な破壊を国の内外に宣告しながらも、ことキリシタン対策に限っては旧幕府のそれ（キリシタン禁制策）を踏襲した。つまり、この面では旧体制をひきついだ。

信教の自由獲得

政府が早急な実現をめざした近代化は、キリスト教に倫理面では基礎をおく西欧資本主義社会への同一化に他ならなかったのに、万国対峙のかけ声のもと、こうした矛盾した政策を採用せざるをえなかったところに、当時の政府がおかれた苦境が如実に反映していた。

そして、こうした矛盾がやがて、明治元年から六年にかけて、総勢三千数百名にもおよぶ多数の信徒とその親族が、自分たちの住む土地から離され、北陸・中部以西の諸藩（廃藩置県後は諸県）に流され、改心をせまられるという、キリシタン弾圧史上もっとも苛酷な処置と評される事件をひきおこす。

この事件に関しては、現在高等学校で使われている日本史の教科書のほぼ全部に載っているので、割合よく知られているといってよい。ただし、それは、たいがい、明治の初年、長崎浦上のキリスト教徒にたいして迫害が加えられたが、そのことで、かえって欧米諸国の強い抗議をまねき、その結果、一八七三（明治六）年キリスト教の禁制をかかげた高札が撤去され、キリスト教の布教が黙認されるにいたったとの簡単な記述にすぎない。

わたくしの見たところでは、浦上キリシタンが諸藩に流配されたことにまで論述がおよんでいるのは、ただひとつ、受験用の教科書として詳細な記述がなされていることで知られる某教科書のみである。

したがって、浦上キリシタンたちが諸藩に流され迫害をうけたという事実は、高等学校で日本史を学んだものにも、それほど記憶に残っていないか、あるいはまったく知識として存在しないかのどちらかであろう。そういった点では、むしろカトリック関係者によって記された書物や小説、あるいはテレビドラマなどによって、こうした事実を知るようになった人がけっこう多いかとおもわれる。

『女の一生』　たとえば、著名なカトリック信者でもあった作家の故遠藤周作氏が、新聞に連載した作品に『女の一生』という長篇がある。この作品は二部構成になっているが、その前篇にあたる「一部　キクの場合」は、浦上キリシタン流配事件にまきこまれた若い女性の物語である。

遠藤周作氏が多くの読者をもつ人気作家であったこと、作品の最初の発表場所が全国紙であったこと、のち文庫本となって一般の読者が手軽に買えるようになったこと等々を考えれば、氏の作品の影響力はすくないとはいえないであろう。また、氏には、このほか、津和野藩に流された青年を主人公にした『最後の殉教者』という短篇もある。

本書は、こうした背景をえて多少なりとも知られている浦上キリシタンの流配事件をとおして、日本において信教の自由が獲得される直接のきっかけとなったキリスト教の黙認が、いかにして達成されたか、その要因を探ろうとするものである。中心となるテーマは、諸藩に流され多くの苦難に直面した名もなきキリシタンたちが、その存在でもって、やがてキリスト教の黙認を事実上政府に認めさせるにいたった経過の解明である。

この点に関しては、先程あげた高等学校用の各教科書も、諸外国のつよい抗議が、キリスト教禁止の高札撤去につながったとしか記しておらず、かれらキリシタンのことにはまったく関心がはらわれていない。そして、これは、この事件について従来からなされてきた多くの研究の、根本的な特色が集約して反映されたものといってよい。

いままでの研究の特徴

流配事件に関しては、宗教史・政治史・外交史・政策史の観点にたつ長年の研究の蓄積があるが、それらいままでになされてきた研究の特徴としては、次の諸点があげられる。

第一は、当然のことであるが、キリスト教関係者（なかでもカトリック）が中心となって研究がすすめられてきたことである。この立場からの研究は、やや乱暴なまとめ方をすれば、キリシタン社会内部の問題にこだわったものが多いのが特徴である。たとえば、事件が神父・信徒両者の関係のあり方、ひいては教会のあり方に、どのような影響をおよぼしたかといった問題を設定し、それを解明するといったことがなされてきた。

そして、事件をのりきったことで長崎におけるキリスト教信仰がいっそうさかんになったことが強調され、あわせて激しい迫害にもめげずに、キリストによる救いを説き、信徒を力づけた外国人神父と、その指導のもと信仰を命をかけて守り通した信徒のつよい宗教心が顕彰されるのが通例である（したがって、信仰を一時的にせよ、放棄せざるをえなかった改心者の問題が、おろそかにされる傾向がつよい）。

そして、これらの研究をつらぬいているのは、外国人神父や公使・領事がキリシタン弾圧につよい抵抗をしめし、それが維新政府をしてキリスト教禁制の高札を撤去させるうえで、いかに大きな役割をはたしたかという主旨である。

第二は、キリシタン社会内部の問題からはなれて、事件と近代日本とのかかわりが問題とされる場合、信教の自由獲得に大きな関心がむけられることである。その際、次のような図式が描かれることが多い。

開明的な性格をもつ維新政府ではあったが、ことキリスト教に関しては、旧幕時代にもます積極的な弾圧策をとった（浦上キリシタンにたいする弾圧は、その最たる例である）。

←

維新政府は、外国政府のつよい抗議と欧米世論の反発をうけながらも、がんとしてキリシタンにたいする弾圧政策(=禁教政策)になんら変更を加えようとせず、明治四年すえの岩倉使節団の派遣をむかえた。

↓

しかし、禁教政策を保持したまま日本を出発した岩倉使節団参加者ではあったが、かれらは、おとずれた西欧諸国で宗教弾圧にたいする激しい非難や信教の自由をもとめる要請に直面し、動揺をきたす。

↓

そして、西欧諸国との外交関係の悪化を憂慮し、また条約改正のためにはキリスト教禁止政策をとりつづけることが好ましくないと判断したかれら(大久保利通や伊藤博文ら)は、いかなる国の国民といえども、罪や不道徳を犯さないかぎり、その信ずる宗教がたとえどのような宗教であっても、信仰のゆえに圧迫をうけることがない、欧米諸国の実態を知るにおよんで、キリスト教解禁を留守政府に進言する。

↓

そして、この延長線上に明治六年二月、キリスト教を禁止する高札が撤去され、信教の自由保証への途がきりひらかれる。

こうした図式のなかに流配事件をすえると、事件そのものの評価としては、日本における信教の自由獲得につながった外国側の維新政府への抗議を、よびおこす契機としての位置づけしか、あたえられていないことに改めて気づかされる。

流配信徒は脇役か

すなわち、思想信条の自由・信教の自由という、近代国家にとって、もっとも重要な国民の権利が獲得されるうえで、浦上信徒は、事件にまきこまれた犠牲者（受け身の存在）として、貢献したにすぎないことになる。そのかわり、主役として光があたるのは、外国人神父と欧米諸国である。岩倉使節団の派遣、ひいては諸外国の抗議が、日本が「宗教的寛容」ということを国家レベルで認めるうえで、最大かつ決定的な契機となったとの理解が一般的である以上、このような認識が成立するのは、しごく当然のことであろう。そして、このような認識が次の特徴につながる。

第三は、維新政府と諸外国との事件をめぐる交渉の経緯などに関する研究はかなりなされているものの、維新政府と諸藩との関係、あるいは維新政府内部の行政官僚と神祇官僚（神道家・国学者）との関係を軸に、事件の全体像を捉えるといった研究が、最近までごくすくなかったことである。また、流配された信徒を受けいれざるをえなかった諸藩サイドから事件をふりかえった良質の研究もすくない。あるのは、維新政府のキリスト教対策について、ごく一般的にふれた多くの著作や論文以外は、信徒からみた諸藩の対応である。

これは、釈放された浦上信徒が帰郷後に語った体験談（いわゆる「旅の話」と称されているもの）や、かれらが書き残した覚書・手記にもとづくものであり、残念ながら必ずしも一〇〇％真実をつたえているとは限らないものである。すなわち、体験話におうおうにしてありがちな、迫害状況の誇張や事実の誤認から無縁であったとはいいがたい点がある。

諸藩サイドからみた良質の研究がすくない原因は、『公文録』や『太政類典』、あるいは『日本外交文書』中に収録されている、それ自体多くを語らないかなり膨大な量の史料群のほかに、信徒の預託先での生活の実態を詳細にうかがいうる史料が存外とぼしいことにもよるが、基本的には、先程あげた第二のような認識に規定されているといってよい。

すなわち、流配事件が、思想信条や信教の自由が獲得されるうえでの、単なる契機としての評価しか、あたえられていない限り、諸藩での信徒の生活ぶりや信徒にたいする諸藩の具体的な対応、はたまた諸藩と維新政府との関係といった観点から、この事件をみていく必要性はあまりないわけである。

流配事件に関するいままでの研究の特徴は、この三点に集約できるとおもわれるが、いずれにせよ、このような研究上の特徴にいわば規定されて、外国側の抗議を、日本において信教の自由が獲得される決定的な要因と考える視座が確立されたといえる。

従来の研究への疑問

しかし、ほんらいは西欧の政治理念であった思想信条や信教の自由が、まがりなりにも日本に導入される直接のきっかけをつくったのは、欧米諸国や外国人神父の抗議、およびそれをうけた岩倉使節団参加者からの建言にのみよるであろうか。

わたくしは、そういった抗議や建言がはたした役割をもちろん十分に認めるが、より根本的な要因として、浦上信徒を受けいれざるをえなかった諸藩側とその背後にひかえていた政府側の経験をあげたい。

すなわち、実際に信徒をあずかった諸藩サイドが、信徒の教諭を試みるなかで直面した、キリスト教徒を全員改宗させることの絶望的な困難さ、あるいは信徒に接見してみてはじめてわかったキリシタンの実像（魔法を使う怪しげな存在であるとおもわれていた浦上キリシタンが、平凡実直で勤勉な農民や職人であり、けっして恐れる必要のない存在である）といったものが、諸藩をして、政府をして、最終的にキリスト教禁止の高札を撤去させることを決意させた最大の要因となったと考える。

なお、本書では、棄教者を改心者、信仰を最後まで保持した者を非改心者と表記した。この点を最初にことわっておきたい。

維新政府と第一次流配

隠れキリシタンの「発見」

信徒の発見と信仰表白

十七世紀以来、キリスト教の信仰をかたく禁じてきた徳川の体制に、大きな風穴があいたのは、一八五八（安政五）年であった。この年むすばれた日米修好通商条約の第八条で、アメリカ人が居留場内に礼拝堂を設置し、自分たちの信ずる宗教を信仰する自由が認められ、これが以後、アメリカ以外のヨーロッパ諸国にも、しだいに適用されるにおよんで、キリスト教の種がかすかではあるが、日本国内にまかれることになる。

そして、これを突破口に、翌安政六年から、フランス・アメリカ・ロシアといった国の宣教師（カトリック・プロテスタント・ロシア正教）が続々と日本にやってくる。

しかし、この段階では、いうまでもなく布教の対象は居留地に住む外国人であり、外国人が居留地外で宗教活動をおこなうことも、日本人がキリスト教に改宗することも、ともに許されなかった。

こうしたなか、一八六五（慶応元）年に、キリスト教の信仰を秘かに保ちつづけてきた、肥前国（現長崎県）彼杵（そのぎ）郡浦上村の隠れキリシタンが、長崎の大浦に建立された天主堂（通称フランス寺）を見物におとずれた際、先祖以来の信仰をフランス人神父のプチジャンに表白する「事件」がおこる。

フランス人神父による隠れキリシタン「発見」のニュースは、すぐに感動をもってヨーロッパに報じられ、そのあと、神父と信徒の間に交流がもたれる。以来、フランス人神父から教理上の指導をうけ、洗礼を授けられるようになった隠れキリシタンの間で信仰心が燃えあがり、その炎は、信徒集団の存在が確認された、長崎港外の島々や五島列島などにもおよんだ。そして、信仰の高まりは、幕府の禁教政策へのあいつぐ挑戦となった。

自葬事件の発生

徳川時代にあっては、庶民はいずれかの寺院の檀徒とならねばならず、それにともなって、自分たちで勝手に葬儀をおこなう（自葬）ことが禁じられていたが、浦上ではあえてこれを無視する自葬事件が発生した。庄屋や旦那寺

（地域ごとに決められた埋葬寺院）である聖徳寺に届けずにキリシタンのやり方で死者を葬る事件が続出し、慶応三年の三月から六月にかけてだけでも七件を数えた。

信徒の捕縛

これは幕府創設以来の祖法である寺請（てらうけ）制度への激しい抵抗であった。そして自葬事件をきっかけに、浦上キリシタンの存在が表面化し、いきつくところ、慶応三年六月、長崎奉行徳永石見守昌新（いわみのかみまさよし）の配下によって、浦上信徒中の主だった者六八名が捕縛されるにいたる。

徳永が信徒を捕縛したのは、寺請制度への抵抗をとがめるためだけではなかった。このころ、長崎在住の諸藩士や神仏を信仰している町人が、長崎奉行がキリシタンにたいして断固たる措置をとらなければ、自分たちで勝手に神父を殺害し、信徒を捕縛するとの噂がさかんに取り沙汰されるにいたったからである。

もし事態をこのまま放っておき、テロが神父と信徒の身のうえに加えられれば、幕府の統治は否定されたに等しかった。また、これをきっかけに、かつての天草一揆のような騒動がおこらないとも限らなかったし、前年の朝鮮での事件（慶応二年十月、鎖国策を堅持する李氏朝鮮が、江華島を占領したフランス艦隊を、交戦のすえ撃退した事件）に類似したことが、これまたおこらないという保証はなかった。徳永は、これらのことを想定して、緊急措置として信徒六八名を捕縛したのである。

だが、かれらの捕縛後、長崎在留の各国領事から長崎奉行にたいし、信徒の釈放が要求される。

各国領事の釈放要求

要求の中心となったのは、カトリック国のフランスであった。プチジャンのはたらきかけをうけたフランス公使のレオン・ロッシュは、信徒が捕縛されると、すぐに釈放をもとめ、それにたいし七月七日に、老中兼外国事務総裁の小笠原長行から、浦上信徒が、キリスト教の信仰を厳禁している祖法に違反したため逮捕されたとの返答をうける。

しかし、ロッシュはそれに納得せず、同月下旬、大阪城で将軍徳川慶喜と会見した際、浦上信徒の放免をあらためて要求した。この要求にたいし、事態を憂慮した幕府は、浦上信徒をひとまず帰村させることにし、数日後、長崎奉行に信徒の出牢を命じる。だが、このあと幕府は、先の処分を取り消し、浦上信徒の在獄継続をきめ、老中の板倉勝静を兵庫港に停泊中のロッシュのもとに派遣し、幕府の新たな措置を受けいれることを求めた。

が、幕府の提案はフランス側によって拒否され、結局、話しあいの結果、全員出牢のうえ村預と他郷への往来禁止に処すことで、八月上旬ようやく決着をみる。そして、長崎奉行への命令書をたずさえて、御目付役の瀧野喜太郎が長崎に派遣される。

ところで、キリシタン問題が祖法の根幹にかかわる重大な問題であったにもかかわらず、幕府がこのように十分な討議をへないで問題の解決を急いだのは、フランスを中心とする欧米諸国との関係悪化を憂慮したことと、事態をこのまま放置することで、事件の詳細が全国的に広く知られるようになることを恐れたためであった。

長州藩処分先決問題（長州藩の処分と兵庫開港のどちらを優先して解決するかをめぐって争われた、幕府と雄藩との対立）や、兵庫開港勅許問題（幕府が雄藩諸侯の上洛をまたずに、兵庫開港の勅許を単独で奏請し、雄藩の反発をまねいた）で、幕府が広い層から激しい反発をうけていた当時にあって、この事件の全容が、攘夷の即時実行をもとめてやまない尊王攘夷派の志士などに広く知られれば、幕府を窮地においこむ新たな火種となることは明らかであった。

しかも宗旨問題という性格上、国体のあり方にもかかわるという点で、開港問題などにもまして、ある意味では深刻な問題に発展しないとも限らなかった。

坂本龍馬の策略

現に攘夷主義者ではなかったが、長崎の事情に詳しい坂本龍馬などは、いち早く同年八月三十日の時点で、同じ土佐藩の佐々木高行（たかゆき）にたいし、土佐藩が中心になって進めていた大政奉還運動が、もしうまくいかなければ、キリスト教をもって人心を煽動し、それを機に幕府を倒す計画を語っていた（『佐々木高行日記』第二巻、四六四ページ）。これは多分に一時的な思いつきからでた策略であったが、龍馬がこのようなアイデアを口に出した背景には、浦上信徒問題が、倒幕の実行にあたって有効な手段となりうるとの計算があったことは明らかである。

話をもとにもどそう。一見、幕府がフランスの攻勢の前に屈服させられたかにみえる上述の解決策は、幕府に一方的な犠牲をしいるものではなかった。幕府とフランスの双方が、それぞれ相手の立場を尊重して配慮した結果、成立した政治的妥協の産物であった。

幕府は、キリスト教の信仰を厳禁した「御国法を破り候とも心づかざるほどの愚民」（幕府が長崎奉行にくだした処分決定の通知中に見える言葉）であるとの苦しい解釈のもと、本来なら当然、磔（はりつけ）の刑にするところを、外国人居留地へ近寄らず農業に精をだすことを条件に、事実上、無罪放免処分にしたのである。

この先例のない特異な決定にたいし、ロッシュはそれを幕府の好意と受けとめ、長崎在留のフランス人神父と領事館員に、それぞれ浦上村などでの宣教活動の禁止とその監視を要望する。幕府としては、この問題でフランスの支持と好意を失いたくなかったし、フランスとしても、幕府と西南雄藩の関係が極度に悪化しつつあった当時にあって、幕府の足をひっぱるようなことは差しひかえねばならなかったのである。

もっとも中央で妥協が成立したとはいっても、現場である長崎ではトラブルが生じた。長崎奉行所は、その職務上当然のことながら、捕縛後、浦上信徒の改心につとめたが、これがなかなかおもうような成果をあげえなかったからである。

幕府が長崎に派遣した外国総奉行の平山敬忠（よしただ）も、長崎奉行も、ともに信徒の改心にてこずり、はじめは転び（改心）の形式を踏もうと試み、それが駄目だとわかると次には改心宣言をもとめ、それも困難な場合には単に「恐入ります」と言わせることで、なんとか落着をはかろうとするなど、妥協に妥協をかさねた。

入牢者への拷問

しかし、その過程で、入牢者にたいする苛酷な処遇がなされた。そのため八月十八日、浦上信徒の扱いについて、長崎在留のフランス領事レックから平山に、信徒を虐待している（具体的には、四〇名余のキリシタンを、一二尺×六尺平方ほどの狭い牢獄に押しこめている）との噂をこのほど聞いたが、これが事実であるはずはないと信じるとの、一種裏返し的な抗議がなされる。

長崎奉行所が、江戸からの指令があったにもかかわらず、信徒の解放に抵抗をしめし、なかでも信仰堅固な者をことさら痛めつけたのは、かれらがこのまま村預となれば、ますます自信をもち、一般住民への勧誘を今後熱心にやりかねないためであった。

全員出牢

しかし、長崎奉行所はフランスの圧力の前に、最後まで強情を張りとおし結果的に改心しないで出牢となった本原郷字辻の仙右衛門をふくむ信徒全員を、九月十四日までに出牢させ、当初の約束どおり村預とした。

このあと、長崎奉行の徳永石見守昌新と能勢大隅守頼元は、幕府に連名で書簡（九月二十七日付）をおくり、新たな指示をもとめた。

それは、キリスト教信仰をかたく禁止している幕府の祖法を知りながら、なお信仰生活を続けるいわば確信犯を、今回のような寛大な刑（「非例の御宥刑」）に処したのでは、現場としてなすすべがないとしたうえで、次の二策のうち、どちらか一策の実行を至急指示してほしいとする要望であった。

二策とは、浦上村の村民一同をしかるべき土地を選んで移住させるか、それともこの際、断然キリスト教を解禁するかというものであった。そして前者の方策を採用すれば、一人も殺さないで浦上一村のキリシタンをなくす可能性があると付言した。

この長崎奉行両名からの提案にたいする指示は、このあと、まもなく幕府が倒壊したため結局なされなかったが、翌年成立した維新政府によっておこなわれた流配策と、ほぼ同様の発想がすでにこの時点でみられたという点で注目されてよい。

長崎裁判所の信徒対策

幕府の倒壊と信徒数の増加

浦上信徒の村預(むらあずけ)処分が実施にうつされてから、ほどなく倒幕過程は最終段階に入った。慶応三（一八六七）年十月十四日に将軍徳川慶喜(よしのぶ)によって大政奉還がおこなわれ、それが朝廷に受理されたことで、二百数十年間におよんだ徳川幕府による支配がかたちのうえで終わりを告げた。そして、このあと、王政復古クーデターをへて勃発した鳥羽伏見戦争の勝利によって、慶応四年一月に維新政府が成立する。

そして、この維新政府のもと、あらためて浦上信徒問題が解決を要する重要な案件として浮上してくる。慶応三年の時点で、全員村預と他郷への往来禁止処分となったものの、神父による教会の正規の伝授が信徒にたいしておこなわれるなど、実質はそれがまったく守られなかったこともあって、信徒の数がしだいに増加し、維新政府としても事態を静観しているわけにはいかなくなったからである。

信徒数が増加した理由のひとつは、いうまでもなく外国（なかでもフランス）をうしろだてにすれば、たとえキリスト教を信仰しても（それは、本来なら、磔（はりつけ）になって当然の重罪であった）、事実上罪にとわれないことを信徒が身をもって体得したことによった。

権力者が外国にたいして極度に弱腰であるという事実の発見は、浦上信徒をして強気にさせた。維新政府の成立後、信徒問題を担当することになったのは、長崎奉行の遁走（とんそう）後、慶応四年二月一日に設置された長崎裁判所とそのスタッフであったが、伝統的なキリスト教＝邪宗門観のもと改心を説くかれらにたいし、極刑になってもかまわないと抗言する者もでてきたのは、むろんつよい信仰心にもよるが、こうした背景もあずかっていた。

長崎裁判所のスタッフは、「畢竟（ひっきょう）（＝つまるところ）、昨年仏（＝フランス）より助命いたし候故（ゆえ）、自然、仏を後ろに取り、御処置は出来ぬものとあい心得まかりあり候様（に）、あい見え申し候」（『公文録』慶応四年四月異宗徒一件）と、フランスの勢力を背景に改宗をがんとして拒否するかれら信徒にたいし、苦々しいおもいを抱いていた。

こうしたなか、浦上信徒の間には、教会に出いりし教文を唱え、また病死者がでた場合、旦那寺へ埋葬しようとはしない者もでてくる。

信徒の動向

浦上キリシタン個々の動向を探索していた長崎裁判所の公事方掛（くじかたがかり）（警察や裁判のことを担当した）が、慶応四年四月に提出した報告書によると、浦上キリシタンの行為には新政府関係者の目にあまる「悪行」がみられたという。報告書から浮かびあがってくるのは、神社の鳥居をくぐることをことのほか嫌がり、時には仏像や仏具を破壊するなど、過激な行動にでることもあった信徒の姿である。そのほか、これは風聞に属することであったが、幕府の倒壊後、長崎の守衛にあたることになった薩長土の三藩が、もし信徒の捕縛を強行すれば、あくまで抵抗するために、信徒がめいめい竹槍等をこしらえ隠しおいているとの情報も報告書には記されていた（長崎県立長崎図書館蔵「邪宗門の儀に付、内密申上候書付」）。

長崎裁判所のスタッフが、実際にその眼で見、また聴いた信徒の姿や情報が、このようなものであった以上、かれらとしても早急になんらかの対策を打ちださねばならなかったのは当然であった。

沢総督の着任

慶応四年一月に九州鎮撫総督に任命されたばかりの沢宣嘉が、長崎裁判所総督の兼任を命じられたのは、同年二月二日のことであった。そして、沢は翌三日京都を出発し、同月中旬長崎に入る。

着崎した沢は、長崎裁判所のそれぞれ参謀と参謀助役に命じられた井上馨（長州藩士）や佐々木高行（土佐藩士）らと協議し、至急解決を要する当面の諸問題について、七ヵ条からなる政府への伺（二月十八日付で副総裁の三条実美と岩倉具視にあてたもの）を作成した。そのうちの一ヵ条が、キリスト教対策に関するものであった。

沢の名でもってだされたこの伺では、キリスト教を「邪教」としたうえで、信徒の中心人物は厳刑に、軽罪の者は流刑そのほかに処す覚悟であるが、これは永久的な解決策とはならないであろうことがまず指摘された。ついで、これをうけて、皇国固有の「教法」を早急に確定し、それでもってキリスト教を圧倒する必要があることが強調された。そして、二月二十日、このような内容の伺をたずさえて、佐々木高行が長崎を出発する。

信徒の召喚

このあと、長崎では、リーダー格の信徒を西役所に召喚して、審問をおこなった。そして、大隈重信（肥前藩士）や松方正義（薩摩藩士）などが新たに参謀助役に加わった後の三月下旬以降、本格的な取り調べと説諭を開始した。

説諭には、総督の沢以下、長崎裁判所のスタッフが総がかりであたったが、とくに熱心に説諭に取りくんだのは井上馨であった。しかし、説諭にもかかわらず、かれらリーダーの改心拒否の意志はかたく、「頑固として少しも動ぜず、いわゆる石地蔵に向い候景況」（『佐々木高行日記』第三巻、二四一ページ）がみられた。

かれらが、かたくなに改心を拒否したのは、村預処分になったとはいえ生活はなんら実質的にそれまでと変わりがなく、わざわざ改心する必要がなかったためであった。

明治元年すえに、当時長崎裁判所権判事であった楠本正隆（くすもとまさたか）が、佐々木高行に、「御承知の通り、浦上村に預と申候は、有名無実の第一、預中ながらも他国などへ往来、市間徘徊（はいかい）、常人（＝一般人）と少しもあい変り候事、これ無し」（同上、四一一ページ）と書きおくったことでも明らかなように、村預処分は浦上信徒になんら生活上の痛痒（つうよう）を感じさせるものではなかった。したがって、かれらは、長崎裁判所の説諭を受けいれる必要はなく、現状維持でよかったのである。そのため佐々木によれば、せっかちな井上はことのほか立腹し、かれらリーダーを大声で叱りつけたが、当然のことながら効果がなかった。

強硬方針の樹立

そこで長崎裁判所では、四月上旬、前々月のすえに参謀（席順は井上の上）に任命された町田民部（みんぶ）（薩摩藩士）をまじえて、信徒対策をねりなおし、新たなプランを作成した。それは、幹部の厳刑、一般信徒の土地替、浦上村の廃村などを骨子とするものであった。

そして、このようなプランが正当性をもちうる根拠として、幕府がむすんだ条約では宣教師が居留地外で布教することは許されていないこと、キリスト教を厳禁している国法に違反した者を処罰することに、諸外国が関与するいわれがないことが挙げられた（『公文録』慶応四年四月異宗徒一件）。しかし、ことは諸外国とも関係するので、朝廷に伺いをたてたうえで最終的な処置におよぶことになり、井上を上京させた。

長崎裁判所のスタッフが、このように、浦上信徒にたいして強硬な方針をうちだした理由は、いくつか考えられる。

テロの可能性

その候補としてまず挙げられるのは、事態をこのまま放っておけば、神仏を深く信仰している者によるキリシタンへの暴力行為が、風聞でおわった慶応三年時とは違って、いよいよおこらないとも限らなかったことである。そして、もしそういった類のテロがおこれば、それがきっかけとなって島原の乱のような大乱が発生することも十分に予想された。いきおい長崎裁判所は、この問題に関して強硬策をとらざるをえなかったのである。

つづいて挙げられるのは、浦上信徒がうしろだてとして頼った、フランスおよびカトリック教会にたいする強烈な不信感が、長崎裁判所スタッフの間にみられ、それが信徒処刑の主張につながったことである。

よく知られているように、幕末期フランスは親幕政策を採り、また幕府倒壊後はフランス人士官が江戸を逃れた旧幕府軍に同行し、箱館五稜郭(ごりょうかく)に立てこもった。そのため、新政府関係者の対フランス感情には常に釈然としないものが残った。また、カトリック教会が「盗むなかれ」と教えながら、キリスト教国が他国の領土を奪って属国としている、つまり盗みの最たるものを容認しているといった不信感も根強かった。

もっとも、フランスおよびカトリック教会にたいする強烈な不信感は、なにも長崎裁判所のスタッフにのみ限ったことではなく、当時、総裁局顧問であった小松帯刀(たてわき)などにもみられた。小松がこの年四月に提出した建白書には、冒頭部分に、「切支丹(キリシタン)邪宗、浦上村へ伝染いたし候儀は、畢竟(＝つまるところ)、開港場に天主堂建立、無頼(ぶらい)の僧侶移住いたし、名は自国商民のために設置、実はわが人民をして感喜せしめ、あまねく国内を教化して、他日かならず、米堅(メリケン)(＝アメリカ合衆国)・印度・支那・澳太利(＝オーストラリアのことか)の如くならしむるの旨趣(むねのおもむき)、明白に洞察仕候」と記されていた(「小松帯刀伝」『鹿児島県史料集』第二集、四五ページ)。

このような類の認識を有していたことに加え、長崎裁判所のスタッフが遠く長崎にあって、維新政府の対外政策に強烈な不信感をいだいていたことも、信徒にたいするかれらの姿勢をより強硬なものとするのに大きくあずかった。

対外屈辱外交への懸念

井上らは、二月十五日に発生した堺事件(土佐藩兵とフランス兵との衝突事件)で、政府がフランスに屈服し、そのため諸外国が日本をあなどっているとの認識のうえに、新政の開始にあたり、旧幕時代と同様の対外屈辱外交におちいることを懸念していた。

こうした懸念を奥深いところで支えていたのが、旧幕府が対外軟弱外交のゆえに亡んだという認識や、理不尽でわがままな外国人の要求に屈することは、自主独立(民族国家の形成)を求めて仆(たお)れた今は亡き有志にたいして、申し訳ないというかれらの思いであった。

井上は、三月二十八日付で、当時外国事務局判事であった伊藤博文(ひろぶみ)に送った書簡で、「何分御一新の日にいたり、また外夷駕御(がいいがぎょ)の術(すべ)を失うの患(うれ)(=憂い)これあり」としたうえで、堺事件を取り上げ、「あまり彼(か)(=フランス)の威に恐怖する形、か様、膝を屈しては、行往(ゆくゆく)、此(この)膝は決して伸びず、幕府の交際同徹(ママ)(=同様)にあいなり、ついに彼の術中におちいり」云々と、維新政府の外交姿勢に憂慮を表明した。

さらに、井上は、「一点の信義を元として、小国といえども公法をもって交り、これと違えば戦い、国亡ぶも、決して遺憾これ無き様、あい考えられ」云々と、対外屈辱外交を拒否するためには、極言すれば、やむをえない場合は対外戦争も辞すべきではないとまで強弁した（『伊藤博文関係文書』第一巻、一一六ページ）。

そして、井上のこの認識は、維新の混乱につけこんで、私利私欲をたくましくしようとする悪徳外国商人と長崎で対決しなければならなかった、長崎裁判所スタッフ一同のそれでもあった。「当地（で）、彼（＝外国人）と接し候ところ、はなはだ不条理のみ申し立て、腹がたちて成り申さず候。しかし、当地は、参謀残らず議論よく合し候て、一歩も屈せざるのつもりに御座候……日々喧嘩（けんか）のみ」（同上）との井上の憤懣（ふんまん）と決意表明は、そのことを鮮（あざ）やかにつたえていた。

また当時の長崎には、堺事件の処理策や各国公使の参内につよい不満や反感をいだく者がしだいに集まり、これら攘夷主義者の不穏な動きに眼を光らさざるをえなくなっていた。

こうした諸々の条件のなかにあって、在崎の維新政府官僚は、浦上信徒問題で安易な妥協を許されなくなっていたのである。

維新政府の対応策

五榜の掲示

浦上信徒問題の解決にむけて、維新政府首脳が本格的に動きだすのは、井上馨（かおる）が長崎裁判所の処分案を持参して慶応四（一八六八）年四月十一日に上阪してきてから以降のことであった。この間、三月十五日に、いまだ具体的なキリシタン対策を確立するにいたっていなかった政府は、沢らの要請もあってか、とりあえず旧幕時に引きつづいてキリスト教を厳禁することを明記した高札（五榜（ごぼう）の掲示）を全国にかかげたが、井上の上阪後、この問題にたいして本腰をいれて取りくむことになる。

信徒対策にたいしては、井上馨が中心となって世話をしたこともあって、政府内では山口藩関係者が主体的にかかわることになった。総裁局顧問の木戸孝允（たかよし）が、井上から、長崎地方のキリシタンの活動状況と、それがおよぼす「害悪」について、詳細な報告をうけたのは四月十二日のことであった（『木戸孝允日記』第一巻、五ページ）。

このあと、木戸は、井上と連日のように会い、そのうえで、同月十九日、行在所の置かれていた大阪の本願寺別院にでて（当時天皇は、大阪に行幸中であった）、副総裁の三条実美に、信徒のリーダーに説諭を加え、改心に応じない場合は、厳刑にすべきことを上奏し、これが政府の議案となる。

藩主らへの諮問

つづいて、四月二十二日、政府は、大阪滞在中の親王や議定・参与といった政府要人を天皇のまえに召集し、政府の議案をくだして、翌二十三日に書面で意見を提出することを命じた。そして、このあと、京都にも同じ議案が届けられ、大阪と同様の諮問がなされた。

諸藩主らにくだされた、政府の議案には、浦上信徒が急増していること、長崎裁判所より説諭を加えたが、いっこうに聴きいれないこと、したがって、このまま放置しておくわけにはいかないので、信徒のリーダーに説諭を加え、改心しない場合は、中心人物数名を斬首・さらし首に処し、その余の者は、ことごとく諸藩に流配して肉体労働に用い、数年後、改心すれば帰住を許すほかないとの処分案が記されていた。

これは、長崎案にたいして、①リーダーに適用する厳刑の内容が、磔刑をふくむものから斬首・さらし首に特定されたこと、②リーダー以外の一般信徒の土地替が、信徒の諸藩への流配処分に、やはり特定化された点に特色があった。

また、全体の基調は、厳刑の実施よりも、諸藩への信徒の預託と、その後の説諭に重きがおかれたが、これも大きな特色であった。

政府案の提示をうけて、二十三・二十四の両日、政府要人の答申書が提出されたが、それは、概して政府案に同意する旨の簡単なものであり、厳刑の即時実施を求めたのは有栖川宮熾仁親王ら数名にすぎなかった（『太政類典』第一編教法）。

津和野藩の答申

ただ、そのなかでは、藩主亀井茲監の名で出された津和野藩の答申で、厳刑が事態の根本的な解決策とはならないとしたうえで、万国に卓越した政体を樹立し、その優位性を信徒に諄々と諭す以外に方法がないことが主張されたのが、積極的な意見として注目される。

このような答申書が提出されたのをうけて、さっそく政府内では、大久保利通らをまじえて話しあいがもたれた。そして、翌々日の二十五日に大阪の行在所で、三条実美・伊達宗城・木戸孝允・井上馨・大隈重信が出席して審議がおこなわれた結果、木戸の意見にもとづく方策が、政府の当座の方針として採用される。

当座の方針樹立

それは、①信徒の中心人物数名を長崎で死刑にし、残りの三千余名を尾張より以西の一〇万石以上の諸藩に預託する、②預託する信徒の生殺与奪（せいさつよだつ）の権は、各藩主に一任する、③七年間、信徒一人につき一口半の扶助をあたえるという内容のものであった（『木戸孝允日記』第一巻、一一〜一二ページ）。預託先が尾張以西の一〇万石以上の藩とされたのは、維新政府の当時の支配領域からくる制約によると考えられる。また、諸藩主に生殺与奪の権を与えるとしたことでも明らかなように、政府は、この段階では、まだ政府主導の統一的な信徒対策を打ちだすことはできなかった。

パークスへの説明

方針をひとまず確立した政府は、引きつづき行動を開始し、閏四月三日、イギリス公使のパークスをまねいて、政府の方針を説明した。対外問題にたずさわる政府高官が多数出席したこの日の会議では、信徒問題をふくむ諸問題（新潟開港・大阪開港・江戸開市延期問題）の解決策が、長時間にわたって話しあわれた。そして、どうやら、この日の会議の結果、四月二十五日に決定をみた当座の方針では外国側をつよく刺激することが懸念され、信徒を三四藩に分散して預け、教諭を加えてそれでも改宗しない場合は厳刑とする（つまり全員とりあえず流配とする）案に変更されたらしい。

	藩　名	石高(万石)	預託される人数	大名の属性	適正人数
⑱	小　浜	10.4	80	譜　代	47
⑲	宮　津	7	50	譜　代	32
⑳	吉　田	7	50	譜　代	32
㉑	大　垣	10	80	譜　代	46
㉒	彦　根	25	130	譜　代	114
㉓	亀　山	5	50	譜　代	23
㉔	篠　山	6	50	譜　代	27
㉕	津　山	10	80	家　門	46
㉖	宇和島	10	80	外　様	46
㉗	小　倉	15	50	譜　代	68
㉘	福　岡	52	150	外　様	237
㉙	久留米	21	130	外　様	96
㉚	柳　川	12	80	外　様	55
㉛	岡	7.4	50		34
㉜	中　津	10	80	譜　代	46
㉝	熊　本	54	150	外　様	246
㉞	延　岡	7	50	譜　代	32
		計 878.8	計 4,010		

一件）により作成。
は結局預託されなかった藩である。
相応しい人数と考えられるもの。

表1　慶応4年閏4月18日に布告された浦上信徒の分配案

	藩　名	石高(万石)	預託される人数	大名の属性	適正人数
①	金　沢	102.3	250	外　様	467
②	名古屋	61.2	250	三　家	279
③	津	32.4	150	外　様	148
④	郡　山	15.1	100	譜　代	69
⑤	和歌山	55.5	250	三　家	253
⑥	岡　山	31.5	150	外　様	144
⑦	福　山	11	80	譜　代	50
⑧	広　島	42.6	150	外　様	194
⑨	鳥　取	32.5	150	外　様	148
⑩	松　江	18.6	150	家　門	85
⑪	津和野	4.3	30	外　様	20
⑫	山　口	36.9	150	外　様	168
⑬	高　松	12	100	連　枝	55
⑭	徳　島	25.8	130	外　様	118
⑮	高　知	24.2	130	外　様	110
⑯	鹿児島	72.1	250	外　様	329
⑰	福　井	32	150	家　門	146

注　㋐　「郡山初三十四藩へ御預ノ儀御達」(公文録、慶応四年閏四月異宗徒
　　㋑　①〜⑯はその後実際に信徒が預託されることになった藩、⑰から㉞
　　㋒　適正人数は4,010名を34藩の総石高878.8万石で割りその藩に最も

また、この日、木戸の長崎行が内決をみ、閏四月六日、正式に発令される。

諸藩への通達　つづいて、閏四月十八日（十七日説もある）、さきの政府決定にもとづき、金沢藩以下の三四藩にたいして、預託信徒数の通知、ならびに浦上信徒を長崎からおいおい出発させるので、もよりの到着所へ信徒受けとりのための人数を差しむけること、および信徒を取りあつかう際の留意点が通達される（『公文録』慶応四年閏四月異宗徒一件）。

預託を依頼された藩名、ならびに預託信徒数の詳細は、表1のとおりであった。前月下旬に決定をみた預託信徒数三千余名から、四〇一〇名へと増加をみたこと、その藩の石高からいって適正だと思われる預託信徒数と、示された預託信徒数が、一致しない藩がすくなからずみられること、信徒を預託する藩は、尾張より以西とするという当初の方針は、ほぼ守られているが、一〇万石以上の大藩に限るとした点は守られてはいない（一〇万石以下の藩が七藩ふくまれている）こと、といった諸点が特色としてあげられる。

政府の指示内容　また、信徒取り扱いに関する政府の具体的な指示内容であるが、それは次のようなものであった。

①預かった浦上信徒に、キリスト教が国禁であることを懇切に教諭し、改心させるよう

に努めること。もし改心しない場合は、やむをえず厳科に処すこと。ただし、改心の見込みのたたない者は、政府に届けでること。

②改心のめどがつくまでは、地域住民と接触させないこと。

③浦上信徒を、開発地の土木・鉱山採鉱などの肉体労働に、勝手に使用すること。

④山村に居住させること。

⑤まず三年間、一人につき一人扶持を、政府から預託先の藩へ支給すること。

この閏四月十八日にだされた通達には、いくつか重要な特徴がみられる。

まず第一に挙げられるのは、改心しない者を厳科に処すとしながらも、それに該当する者は、政府に届けでることを義務づけたことである。これによって、諸藩サイドは、自由裁量による厳刑の執行を、事実上不可能にさせられた。

つづいて挙げられるのは、信徒を流配先の諸藩住民から隔離することが、つよく要請されていることである。これは、信徒の預託にともなう諸藩側の不安（信徒を預かることで、キリスト教が領内に伝播するのではないかとの不安）に、配慮したためだとおもわれる。

また、当初の信徒一人につき七年間一口半を支給する条件から、三年間一人扶持を支給する条件に変更をみたのは、財政難にあえいでいた政府が、それだけの財政支出を保証できなかったためだと考えられる。そして、政府が十分な財政的支援をおこなえなかったため、諸藩に肉体労働への信徒の動員を保証することになったと想像される。

長崎裁判所の信徒処罰案の変更

流配策の撤回

以上のような手順をふんで、慶応四（一八六八）年閏四月十八日に、とりあえず政府の方針が関係諸藩に通達されたが、この間、長崎では、天皇への崇敬を説いた御諭書の公布や皇太神宮（天皇家の祖先神である天照大神を祭る）の浦上村への勧請（かんじょう）等の措置がとられた。また、その一方で、以前決定した信徒対策案に重要な変更が加えられた。そして、これが政府との深刻な対立をまねくことになった。

閏四月一日、総督の沢宣嘉（のぶよし）は、参謀の町田民部に上洛を命じたが、町田には政府首脳にあてた沢の書簡が託された。その書簡には、信徒中のリーダー数名（五〜七名）を死刑にすれば、他の信徒数百名は改心するであろうこと、しかし、もし政府が信徒にたいして流配などという寛大な策をほどこせば、キリスト教が蔓延し、ついには数十万もの人命を絶たなければならなくなるだろうことが記されていた。

すなわち、沢はこの書簡で、リーダーを死刑に処すとの当初の方針には変更を加えなかったものの、残余の信徒の流配策については以前のプランを撤回し、断固反対を唱えたのである。

なぜ沢が、かつてのプランを引っこめて、流配策に異議を申したてたのか、またその変更の時期はいつかといったことはわからない。当時の沢の動きを詳細にたどった清水紘一氏は、沢の強固な敬神（反キリスト教）・尊王攘夷の精神、勧善懲悪の理念を政治上に実現しようとした新政担当者としての使命感、浦上信徒の存在が宗教戦争（内乱）に発展するという信念に近い危機感といったものが、流配策の拒否につながったとみるが、たしかにそれはありうる（「長崎裁判所の浦上教徒処分案をめぐって」『近代日本の形成と宗教問題〔改訂版〕』所収、七五〜七九ページ）。

また、もし信徒の流配ということになれば、多くの信徒を長崎から送りださねばならず、手持ちの蒸気船がなかった長崎裁判所が、信徒輸送の煩を嫌ったことも考えられる。

ところで、それはさておき、沢が当初の方針を変更したために、ここに新たな問題がつづいて生じることになった。維新政府首脳と沢宣嘉らの対立である。

政府首脳との対立

長崎側の方針転換が、はたして政府が流配策を決定するまでに、政府関係者のもとにとどいたかどうかは明らかでない。流配策が最終的に確定したのは、上述したように閏四月三日からまもないころと考えられるから、閏四月一日に上洛の命をうけた町田が、これに間にあったとはおもわれない。また、大久保利通（としみち）の日記などをみても、町田が、関係諸藩に叙上の通達がだされた閏四月十八日以前に、上京してきた痕跡は認められない。

したがって長崎側の方針転換が、政府の最終的な信徒対策案に、なんらかの影響をおよぼした可能性は、いまのところ考えられない。政府は、あくまで井上馨がもたらした長崎裁判所の処罰案を参考にして、上述のような信徒処遇案を作成し、閏四月十八日に関係諸藩に通知したとみてよかろう。

ところが、そのため、結果的に政府の最終決定は、信徒のリーダーの死刑を廃止するなど、ただでさえ長崎裁判所の強硬方針とくいちがったうえに、さらにいっそうはなはだしい両者の相違をもたらすことになった。政府の流配策は、対外関係を考慮して、キリシタンを諸藩に分散することで、「党結の勢を殺ぎ」（『日本外交文書』第三巻、一九〇ページ）、信徒が悔悟するのをじっくり待つという迂回策であったが、これは即効をもとめる長崎側の希望と著しくかけ離れた寛大な措置に他ならなかったからである。

こうしたなか、井上馨が政府の信徒処分案をたずさえて長崎に帰ってくる。井上のもたらした政府の最終方針にたいし、沢が烈火のごとく怒ったのは当然であった。沢は政府の流配策を受けいれようとはせず、木戸の着崎をまって議論におよぶことを決心する。

木戸の長崎到着

木戸が山口をへて長崎に到着したのは、五月十一日のことであった。長崎に到着した木戸は、翌十二日、沢長崎府知事（五月四日、長崎裁判所は長崎府と改称され、沢が知事に横すべりした）と会見し、つづいて十三日には長崎府の参謀一同らと浦上信徒の処遇問題を評議することになった。

ところが、さきに長崎に帰っていた井上にたいし、佐々木高行などが、その政府への斡旋が不十分であったと、しきりに攻撃を加えていた当時にあっては、当然予想されたこととはいえ、木戸にたいして、沢以下長崎府スタッフの反発が集まった。

五月十三日の会議の席では、沢から改めてリーダー六、七名の死刑執行が提議され、あわせて、もしそれができないならば、しばらく信仰心のあつい者二、三百人ほどを軟禁して、説得を加えるべきだとの意見がだされた。これにたいし、木戸は、自分はただ流配策を通知するために長崎に来たのであって、要望には応じられないと冷たく突っぱねた。

これを受けて、沢はさらに、流配策の実施がキリスト教の蔓延につながるとの自説を展開したが、木戸はそのようなことを案じてもはじまらないと応え、すでに津和野藩のような神道の興隆に熱心な藩からも、信徒のリーダーを預かりたいと申し出ているくらいなので、各藩で十分信徒を取り締まり、政府から時々注意をうながせば、それでことが足りると返答するにとどまった。

流配策の決行

結局、この日の話しあいでは決着がつかず、結論は翌日にもちこされた。そして翌日、政府の方針を朝命として一方的に押しつけてくる木戸に、これ以上さからえば、どのような讒言(ざんげん)をされるかわからないと憂慮した沢が、最終的に政府案へ同意することで流配策は決行にうつされることになる。

すなわち、信徒の中心人物数十名を津和野藩にあずけ、そのほか流配すべきものは、他日蒸気船を長崎港にまわし、時期をみはからっていっせいに捕縛することが決定し、中心人物の取り調べが関係者に命じられる。また、この日（十四日）、金沢藩の蒸気船をもって信徒を移送することが決定をみ、金沢藩への通告がなされた。

浦上信徒の預託

もっとも、最終的に方針が確定したのは慶応四（一八六八）年の五月二十日で、翌二十一日から着手することとなった。その結果、西役所へ出頭した浦上信徒の中心人物一一四名が、山口・津和野・福山の三藩に送られた（二十二日暁に、長崎を出帆した金沢藩の蒸気船で、六六名が萩へ、二八名が津和野へ、二〇名が福山へ、それぞれ送られた）。

信徒の長崎出発

当初の予定では、このあと続々と諸藩に信徒を送るつもりであったとみる識者もいるが、信徒の預託を三藩にとどめることは、長崎到着前からの木戸孝允（たかよし）の希望であった（『木戸孝允文書』第三巻、七八ページ）。

これは、信徒の受けとりに難色をしめした諸藩の動向（諸藩の多くは、東北戦争の激化を理由に、信徒を受けとるために指定された場所へ人員を派遣することを事実上拒否した）と、外交上諸外国を刺激することを極力さけねばならなかったこと、また四〇〇〇名をこえる信徒一人につき一人扶持を支給することは、財政難にあえいでいた政府にとって、実際は不可能にちかかったことなどによるとおもわれる。

なお、信徒の預託を中止した諸藩にたいして、信徒の預託を命じた閏四月十八日の指令の取り消しが正式に通達されたのは、六月も下旬を迎えたころであった。しかも、それは、「彼地（＝長崎）の都合に寄」り取り消しとなったとの簡単な文言をもってであった（『公文録』慶応四年六月異宗徒一件）。政府は、諸藩が納得できるような具体的な説明は、いっさいしなかったのである。

信徒の預託先が山口・津和野・福山の三藩になったのは、津和野藩の申し出と木戸孝允の意見によると考えられる。

新政府の成立そうそう、亀井茲監（これみ）と福羽美静（ふくばびせい）の主従が、そろって神祇（じんぎ）行政の先頭にたった津和野藩では、神道を振興することでキリスト教にあたろうとし、それが信徒の預託受けいれ声明につながった。また、山口藩が信徒の受けいれを決めたのは、木戸孝允や井上謦ら同藩出身者が事件に深くかかわっていたことと、政権の中枢に山口藩が位置しているとの強烈な自負にもとづくものとおもわれる。もっとも、いま一つの藩である福山藩へ、なぜ二〇名の信徒が預託されることになったのかはわからない。

外国側の抗議

このように、山口藩以下の三藩へ計一一四名の信徒（全員男子）が預託されたが、これはいうまでもなく、旧幕時代に幕府とフランスとの間で妥協をみた解決法である村預（むらあずけ）処分を、大きくくつがえす新たな方策の採用であった。

維新政府サイドにすれば、ほんらい磔刑（たくけい）に処して当然のキリシタンを流配するという方策は、温情的な措置であったが、これは、むろん国内でのみ通用する論理であり、流配策そのものを残酷な措置とみなす外国側を十分に納得させうるものではなかった。

西洋各国は、日本政府が自分たちがキリスト教を信仰していることを知っていながら、キリスト教を邪教視する政策をとったことに反感をつよめた。そのため、五月二十四日、在崎の各国領事は沢にたいし抗議の声をあげた。

もっとも、流配された信徒全員が男子で、しかも比較的小人数であったため、当初はそれほど問題とはならなかった。また、欧米諸国の外交団としても、日本人にキリスト教を布教することを禁止する条約の条項を、神父がやぶったという負い目があり、真正面から政府を攻撃するわけにはいかなかった。

しかし、九月以降、五島でキリシタンへの弾圧が開始され、迫害の実態が外国側につたわりだすと、日本政府の信徒取り扱いにたいする姿勢を問うというかたちで、諸外国の抗議が展開される。

すなわち、一八六八（明治元）年十一月十三日付で、山口藩参政の野村素介（もとすけ）にあてた木戸孝允の書簡中に、「わが日本に制禁の事につき候ては、なんとも彼（＝各国）より申し出で候訳は御座なく候」（『木戸孝允文書』第三巻、一八五ページ）とあるように、キリスト教信仰の禁止ではなく、捕縛されたキリシタンへの残酷な処遇にたいして、諸外国の抗議が集中してなされるようになる。たとえば、パークスなどは、五島で逮捕された二〇名ほどのキリシタンが、鉄の棒でうたれたり、あるいは石責め・水責めなどの拷問をうけているのではないかと、維新政府関係者をきびしく問いつめた。

キリシタン問題の浮上

こうしたなか、キリシタン問題が、維新政府首脳をくるしめる深刻な問題として浮上してくる。そして、それは、ほかならぬ木戸自身が、いまあげた野村あての書簡のなかで、政府の対応次第では欧米各国と戦争になるかもしれないと憂慮するほどであった。諸外国が要求するキリシタンへの寛大な処遇を受けいれないと、対外関係が極度に悪化する恐れが、ここにでてきたのである。

しかも、この段階では、旧幕府軍との戦闘の関係で、木戸らが解除を熱望していた諸外国の局外中立宣言は、まだ解除されておらず、そのうえ慶応三年におこった長崎での英国人水夫殺害事件の犯人（当時、土佐藩士が犯人に目されていた）を、維新政府が隠匿（いんとく）しているとの非難が、イギリス側によってさかんになされていた。したがって、政府としても、イギリスを中心とする外国側を、不必要に刺激するような対応は避けねばならなかった。

いや、それどころか、当時外国事務局判事であった寺島宗則（てらしまむねのり）が、七月三十日の時点で、「いま外国に新政府の信を失い候ては、一寸（ちよつと）も立ち行き申さず候」（『大久保利通関係文書』第四巻、二一九ページ）と認めざるをえなかったように、欧米諸国の信用を失っては、維新政府そのものが、たちゆかないのが実情であった。このことは、欧米諸国にすでに多額の借財をし、これからも借財を重ねねばならないことひとつとってみても明らかであった。

攘夷の精神

しかしそうはいっても、いっぽうでは、外国側の要求をおいそれとはのめない状況も厳として存在していた。攘夷を実現しえない幕府を見限って倒幕運動に参加した多くの志士の「攘夷の精神」であった。こうした精神に包まれていた志士にとって、維新政府の推し進める対外和親政策はとうてい認められるものではなかった。

ましてや攘夷とは対極にあるキリシタンの厚遇などは、まったく許しがたいことであった。したがって、維新政府の成立以来、攘夷事件（備前事件、堺事件、パークス襲撃事件、あるいは外国人一般にたいする暴行事件）が連綿として発生するなか、キリシタン問題への対応をあやまれば、攘夷活動ひいては反政府活動にいっそう火がつき、政府が窮地においこまれることは必至であった。

寛大な方針を政府が表明

政府首脳は、こうしたジレンマのなか、明治元年十月に、とりあえず、キリシタンの取り調べは新しい規則が確立されるまでは、旧幕府のそれに準拠することを諸藩に通知し、同時に藩内にキリシタンがいるかどうかの調査も命じた（『公文録』明治元年十月異宗徒一件）。そして、ひきつづき十一月下旬の時点で、キリシタンにたいし寛大な方針で臨むことを、諸外国にむかって明らかにする。

すなわち、十一月二十九日、外国官副知事の東久世通禧（ひがしくぜみちとみ）は、各国公使にたいし、①キリシタンと邪宗門はまったく別物である（キリシタンは邪宗門ではない）こと、②キリシタンにたいして、国民がつよい偏見をいだいている現状では、キリスト教の信仰を許可するわけにはいかないこと、また戊辰戦争の真っただなかにある現在、キリシタンが邪宗門と同一でないことを、国民に十分に理解させるだけの時間的余裕がないこと、③ただ、諸外国との関係が、しだいに親密なものとなりつつある今、キリシタンにたいしてあまりに苛酷な措置をとれば、諸外国に申し訳ないので、今後は寛大な措置をとることを政府において衆議決定したことを通知した（『日本外交文書』第一巻第二冊、六八七～六八八ページ）。

そして、各国公使から申し出のあった、五島における信徒の処遇問題の調査をおこなうため、外国官判事の山口範蔵を翌十二月長崎に派遣する。

第一次流配者の状況

このような経緯をへて、山口・津和野・福山の三藩に預託された浦上信徒であったが、信徒の生活と、それにたいする藩のかかわり方が比較的詳細にわかるのは、山口藩の場合である。

第一次流配者の生活

津和野藩に関しては、後年、流配された信徒が語った思い出話（いわゆる「旅の話」と称されるもの）によると、当初は、「天下の預人」に間違いがあってはならないとの配慮から、丁寧なあつかいをうけたものの、まもなく藩の態度がかわり、減食策（粥のような麦飯を、一日に三合あるかないか程度支給）が実施されたという。そのため、たちまち八名の改心者がでて、かれら改心者は、藩から毎日白米五合を支給され、日雇い労働や内職も自由にできるようになったという。そして、あくまで棄教を拒む非改心者にたいしては、時に三尺牢（九〇センチメートル四方のせまい檻（おり））に押しこめたり、氷のはった池に投げこむなどの拷問がなされたらしい。

いっぽう、福山藩に預けられた信徒に関しては、やはり「旅の話」によると、別段これというほどの拷問があったわけでもないのに、一名をのぞく、他の信徒全員（一九名）がことごとく棄教したという。しかし、両藩とも、これ以外のことはあまりわからない。

山口藩の場合

その点、第一次流配者のことが比較的よくわかるのは、「異宗徒御預一件」という浦上キリシタンに関する、かなり膨大な量の記録がのこされている山口藩の場合である。そこで以下、主として、この記録を参考にして、同藩のケースをみることにする。

六六名の浦上信徒が萩に到着したのは、六月はじめのことであった。五月下旬に長崎を出発したかれら六六名は、下関まで蒸気船で運ばれたのち、山口藩関係者によって萩に送られ、六月二日、さらにそこから萩の沖合いにある大島に移された。

六六名の信徒が、現在でも船で二十数分はかかる大島に収容されたのは、キリスト教の藩内への蔓延を藩当局が恐れたためであった。

これより先、信徒を受けいれるにあたって、この地方一帯の代官であった杉民治（吉田松陰の実兄）は、行政官僚の立場から、諸事に抜かりなく目を配りながら、藩財政にできるだけ負担をかけずに信徒の世話をし、信徒の教諭をおこなうことを求められた。

そのため、杉は信徒が到着するに先立って、萩五島の住民がキリスト教に染まらないための予防措置として、踏絵の仕法を萩五島に限って実施すること、信徒に仕事をあたえ賃銭を支給すること、信徒と島在住の住民らの住む所をそれぞれ竹柵でかこみ分断することを提案し、藩当局の同意をうる。

杉らの提案をまつまでもなく、同様の不安は、むろん藩当局者にもあった。多人数の浦上信徒を受けいれるにあたって、山口藩サイドは、送られてくる信徒がおおむね信仰心が篤く、改心の説得を受けつけそうにもない人物ばかりらしいので、とても改心しないであろうことをあらかじめ予測すると同時に、藩領内へキリスト教が伝播することを恐れていた。旧藩時代、最後の弾圧がキリシタンに加えられてから、優に二〇〇年以上が経過していたとはいえ、キリスト教にたいする恐怖心が抜きがたかった当時にあって、これは当然のことであったといえる。

もっとも、山口藩では、キリスト教の領内への浸透を防ぐという観点から浦上信徒の大島への隔離をおこなったが、まもなく主として財政上の理由から、萩の堀内にあった寄組士清水美作所有の屋敷（当時、空家となっていた）を借りあげ、そこに信徒を収容することになった。

改心者の続出

この間の信徒に関して特筆すべきことは、非常な短時日に多くの改心者がでたことである。

まず、六月十日に一一名が、つづいて同月十七日に三〇名が改心し、かれら四一名は、月代（さかやき）をそり行水のうえ大島の八幡宮へ参詣し、神酒洗米をいただき、神道にはいることを諸々の神に誓う起請文（きしょうもん）（請状（うけじょう））に署名血判する。そして翌十八日には、新たな改心者が三名でる。この早期改心者の続出は、どういう訳（わけ）か、いままであまり注目されてはいないが、興味深い内実を有している。

『浦上切支丹史』の解釈

カトリックの立場から書かれた代表的な著作の一つである『浦上切支丹史』は、この点に関して、いとも簡単に、「萩に流された信徒は、案外意気地がなかった。別段取立てて云ふ程の拷問に遭ったのではなく、食物にせよ、何にせよ、さして不自由を見た訳でもないのに、唯（ただ）口先き丈（だ）けの説得を受けて、続々と改心を申立てた」と、信徒の意気地のなさにその原因をもとめた。

しかし、改心を申しでた四四名のなかには、前年長崎奉行所による弾圧で桜町の牢獄に投じられた際、さんざん幕吏をてこずらせた剛の者もふくまれており、しかも、『浦上切支丹史』も認めているように、拷問らしきものもなく、大島に収容されてから二週間になるかならないかの間に、大量の改心者をだしたという事実は、意気地云々では片づけられないものを含んでいる。

もっとも、『浦上切支丹史』のしめした理解の仕方は、ひとつには、三藩のなかでも津和野藩にもっとも信仰心にとんだ人物を流配した、との評価と結びついているといってよい。たしかに、三藩のなかでも津和野藩に、仙右衛門に代表される信仰堅固な者が多く流配されたのは間違いないが、ほかの二藩（なかでも山口藩）にも、津和野藩に比べれば数はすくないものの、強固な信仰心をもつ人物が、それなりに流されたことも事実である。

たとえば、慶応三年に長崎桜町の牢獄につながれた六八名のうち、翌慶応四年に萩に流配されたことが確実な者は七名、ほぼ確実とおもわれる者は三名、大いに可能性があるとおもわれる者は一名いる（入牢者の人名簿と、山口県文書館蔵の「異宗徒御預一件」中の人名簿を、つきあわせた結果の判断にもとづく）。

しかも、この一一名のうちには、慶応三年の時点で、長崎奉行所が入牢者のなかで「信仰最団結の者」「当節異宗仲間にても触頭(ふれがしら)、又は和尚と内々申し唱え、ごくごく冥頑(がんめい)、(同)化すべからざるの奸民(かんみん)」としてあげた、一〇名中の二名が含まれている。家野郷の元助と平野宿の清三郎である。

また、慶応三年時には入牢をまぬがれたものの、改心しそうな者をまどわし、改心のさまたげをしているとの噂のある者として、代官が西役所に申したてた報告中に、その名が記されている中野郷の五名のうち、三名も含まれている。そのほか、浦上キリシタンのなかでも「切れ者」(手腕のある活動家)として、長崎奉行所がはなった密偵がマークした与五郎も萩に流されている。

こうした事実は、萩の大島で改心した浦上信徒が、津和野に預けられた信徒のように、信仰心がもともと堅固でなかったから、簡単に棄教したという解釈を鵜呑(うの)みにはさせない。また、この際、そもそも三藩に送られた信徒が、いずれも信徒中の「教唆(きょうさ)者」「煽動(せんどう)家」「頭目」、つまり指導者的役割をはたしていたからこそ、ほかの一般信徒に先がけて流配されたことに、あらためて留意しておく必要がある。

信徒の長崎での体験

浦上信徒の早期改心問題を考えるうえで、無視できないのは、前年の慶応三年の入牢時に、かれらが長崎で有した体験である。

入牢した浦上信徒にたいして、幕府が妥協的な姿勢をみせ、それが最終的に村預処分になった経緯については上述したが、このとき桜町の牢につながれた信徒の多くは、棄教（たぶんに形式的なものであった）の翌日、奉行所に連れていかれて、改心証文に捺印（なついん）した。

その改心証文は、慶応四年六月に萩で改心した浦上信徒にださせた請状と、内容的には大変似かよっていた。たとえば、異宗を信仰したのは、後世にいたり己れのたましいが助かりたいと願ったためであったこと、キリスト教信仰は以来やめて、前々からの宗掟（しゅうおきて）をかたく守ることが記されていることで共通していた。

大きな相違点は、慶応三年の時点では、仏教が宗掟の中心であったのにたいし、慶応四年の時点では、王政復古後ということもあって、神道がそれにとって変わったことである。

かれらは、こうした内容の改心証文に捺印して出牢し、村預処分となり、やがてその中のすくなからざる者が、慶応三年九月に、改心もどし（改心の取り消し）を村役人に申しでる。

問題は、こうした入牢→改心→村預、もしくは、それに加えて、その後の改心もどしの経験をもつ者が、萩に流配された六六名中一一名の多きにのぼったことである。

このことは先程指摘した山口藩にも信仰堅固な者がかなりの数流配されたという事実とあわせ考えると、次のような可能性を暗示しているようにおもわれる。それは幕府の妥協策を受けいれて、改心証文への捺印をおこない、その結果、村預というかたちで解放され、さらに改心もどしまでした経験を、本人または身近な人間にもつ浦上信徒にとって、萩での改心は後世のわれわれが考えるほどの深刻さを必ずしもともなわなかったのではないかということである。

さらに一歩踏みこめば、長崎奉行所がてこずった剛の者をふくむ四四名もの信徒が、ひどい拷問もうけずに、大島に流されて二週間たつかたたないかの間に改心したのは、山口藩関係者とかれら改心者との間になんらかの妥協（もちろん、それは魚心あれば水心あり式のものであったが）が成立した結果とも考えられる。

すなわち、信徒を長崎に早い段階で帰郷させることでキリスト教の領内への浸透を防ぐことができ、また信徒預託にともなう経費の削減も図れると判断した藩側が、信徒にたいし、表面的にもせよ改心を申しでれば長崎への帰郷実現に骨をおるといったような趣旨の言の葉をちらつかせ、望郷の念にかられた多くの信徒がそれにのったと想像されるのである。すくなくとも、このように考えなければ、信徒の三分の二にもおよぶ大量の改心者をこれほどの短期間に続出させた理由は説明しきれない。

このことは、また、山口藩サイドが第一次流配者を萩にあずかった段階で、どこまで神道を全面におしたてて信徒を改心させようとしたのかとの疑問をもいだかせる。もし本当に信徒預託の当初から神道の優位性をかかげて宗旨論争をいどんだとすれば、ごく短期間での改心は納得がいかないからである。

改心後の信徒たち

信徒全員の改心達成

四四名の信徒が改心したあと、山口藩では、信徒の預託当初から教諭掛を務めていた小野述信（じゅっしん）が、残りの信徒の改心をひきつづき目指したが、さすがに、これにはかなりてこずることになった。そのため、スタッフの充実が図られ、同年八月に新たに神官二名（防府天満宮社官の尾古主計（おごかずえ）と熊毛宰判室積早長八幡宮祠官の潮見清鞆（きよとも））が切支丹宗人民教諭掛に任命された。

そして、この両名に小野を加えた三名による説得工作が明治元（一八六八）年九月上旬から開始され、十一月中旬に小野が上京を命じられ、外国官出仕・洋教取調御用掛として維新政府に入ったあとは、尾古・潮見の両名が説諭を担当した。そして、このあと時日を要したものの、明治二年五月までに残りの信徒全員（ただし、脱走者と病死者をのぞく）の改心が達成される。

その結果、ここに信徒の帰郷問題があらたに浮上してくる。全員の改心が確定した明治二年五月以降、改心者から数回にわたって、国元への帰郷をもとめる歎願書と改宗をもろもろの神に誓う起請文が藩府に提出される。そして、この歎願には尾古・潮見の両名も、添願（そえねがい）の提出というかたちで支援をおこなった。

改心者が長崎への帰郷をいそいだのは、預託からほぼ一年を経過し、かれらの父母妻子をおもうの情が切迫したためと、信徒のなかに病人や老人が含まれており、これから迎える二度目の夏冬の暑さ寒さで犠牲者がでることを怖れたためであった。現に前年の八月十日には六九歳になる信徒が病死していた。

神官両名の提案

ところで、尾古・潮見両名の添願であるが、ここには注目すべき提案が記載されていた。

それは、①改心者の早期帰郷をつよく望むが、もしその希望が今年の冬かおそくとも来年の春までに認められないならば、②改心者の父母妻子を萩に呼びよせ、孤島あるいは僻地などで、山野の開発または鉱山労働等に使用すれば、信徒もひとまず安心するであろうという提案であった。さらに両名は、①か②のどちらかの方策を早急に採用しないと、改心者が憤怒（ふんぬ）のあまり、どのような行動にでるかわからないと警鐘を発した。

後述するように、明治二年すえから翌明治三年はじめにかけて、第一次流配者を受けいれた前記三藩をふくむ多くの諸藩に信徒があらたに預託されるが、これはこうした現場からでてきた提案を中央政府がうけて採用した一面もあったと考えられる。

このように、信徒と教諭掛の双方から、信徒の早期帰郷の実現をもとめられた山口藩当局であったが、当然のことながら、これは藩独自の判断で決定できることではなかった。しかし、藩サイドとしてもむろん信徒の帰郷に異論があるはずはなく、六月、山口藩は政府にたいし信徒の帰郷実現を要望する。そして、その一方で、帰郷のための準備として、同藩では六月から七月にかけて、信徒にたいしあらためて起請文を提出させた。

歎願書と起請文を提出したあと、浦上信徒の間には、まもなく長崎への帰郷が実現するとの期待感がふくらんだようである。実際、かれらを直接世話した尾古・潮見の両名や杉らも、当初はほどなく帰郷が許されると心得ていた。

信徒の嘆き

しかし、長崎への帰郷をもとめる要請は、八月段階になっても、なんら政府の返答をえられなかった。そのため信徒は、父母妻子のことはもちろん、浦上に残してきた田畑や家財などがどのようになったかと心配し、朝に夕べに嘆きくらす状況におちいる。これにたいし杉・尾古・潮見らの関係者は、そのうち帰郷の許可がでるであろうとの慰諭をおこなったが、いつまでたっても政府の回答がよせられないため、信徒の質問に窮する状態においこまれた。

そこで事態を憂慮した尾古・潮見の両名は、八月十日段階で、改心しても帰郷を許さないのではいつ信徒が暴発するかわからないと、藩府に一日も早い決裁をもとめた。そして杉も、浦上信徒の帰郷実現にむけて、藩が朝廷にたいして再度の要望をおこなうことを藩府にはたらきかける（その結果、九月十三日、山口藩の公用人宍道（しんじ）直記から、太政官弁官にたいし、信徒の帰郷をもとめる要望書が再度提出される）。

山口藩関係者の焦り

杉以下が焦りをみせたのは、改心を表明した信徒の帰郷をいつまでも実現しないでおくと、信徒のなかに両親や妻子に会いたさのあまり脱走するものがでて、これまでの苦労が水の泡となりかねないためであった。

もっとも杉は、このようなはたらきかけをおこなう一方で、信徒の自立を図るために現実的な対応もみせた。すでに前年、改心者が続出した慶応四年六月段階で、杉はいち早く、改心者に開墾させるための田畑の確保に乗りだし、藩府にたいして萩城内外に不用の空地等があれば渡してほしい旨を願いでて、藩の許可をうる。そして、さらに翌明治二年に入ると、改心者の帰郷を朝廷が許可しない場合を想定して、信徒の日雇労働の自由化を藩府にもとめた。それは、すでに衣食なども十分に支給し、差し添えもつけていないが、信徒に自由な稼ぎを保証すれば、気をつけもし、また酒を買う金もでき、慰諭の一端にもなるであろうと考えたすえの要望であった。

これより先、萩では、明治元年秋（旧暦）以来、改心者には各人が浦上で営んでいた生業に従事させ、農業専従者には草鞋（わらじ）をつくらせていたが、この年（明治二年）春（旧暦）以来、藩による草鞋の買いあげがなくなり、農業専従者が小遣銭に困る事態がおこっていた。

そこで、信徒の世話をもっぱらやいていた邪（異）宗門人民御預り所では、九月、農業専従者を稲刈りの手伝いなどに日帰りで出せば、信徒がそれ相応の賃銀をえて生薬や酒が買え、かつ冬の間の藁（わら）織りの資本もでき、また適度の運動となって鬱気分が散じ、病人等も減るだけでなく、信徒の帰郷心もうすらぐと判断し、日雇稼（ひやといかせぎ）の許可を藩当局にたいしてもとめた。そして、この要望は同月上旬に許可され、農業専従者が農家そのほかへ日雇稼にでる際の規則が定められる。

日雇稼にでる際の規則

それは、①頑健な者を選んで農家へ貸しだすときは、郡夫を一人ずつ付き添わせる、②脱走者があれば、日雇稼にでていた者はもちろん、残された信徒が重い処分をうける、③日雇稼には信徒を交代してだす（平等に外出できるようにする）、④往来時の買い物や店への立ち寄りは厳禁とする、⑤出入りの時刻は、朝六つ時（＝日の出ごろ）から暮六つ時（＝日没ごろ）とするといった内容のものであった。そして、もし違反者がでれば、全員の外出を差しとめ、以後、信徒の願いは受けつけないことにした。

こうして、信徒の帰郷が政府によって許可されないといった状況のもと、山口藩府は日雇稼の許可というかたちで浦上信徒のおかれた鬱的状況を散じ、事態の悪化をふせごうとしたのである。その結果、信徒は日雇稼によって、少しずつではあるが貯えもできるようになり、明治三年五月からは、自前で衣服を購入することになった。

第二次流配策の実施

浮上するキリシタン問題

攘夷行動の活発化

信徒問題に新しい動きがみられだすのは、明治二（一八六九）年三月ごろからである。こうした動きをもたらした直接の要因は、政府の方針にあきたりない狂信的な排外主義者による攘夷行動のいっそうの活発化であった。

この年一月五日、参与の横井小楠（しょうなん）が京都で暗殺されたが、それは横井がキリスト教を広めようとしているとの噂をたてられた結果であった。そして、横井の暗殺は、それを国賊をのぞく行為であると受けとめた弾正台（だんじょうだい）（監察・警察機関）の官員などによる下手人の助命嘆願の動きにつながった。また、大阪では外国人が営む商館の焼き打ちが計画され、その他日本各地で外国人一般にたいする暴行事件が頻発した。

こうしたなか、天皇の東京への行幸に反対し、平田派の国学者との結びつきを強めていた久留米藩士のグループなどが激しい攘夷論を主張するようになる。

これら一連の攘夷風潮は、木戸孝允の認識によれば、開化政策を推し進めるのに、「一日も遅しと思い候時節」にあって「次第にあとすだりをいたし候」ような風潮であり、また政府攻撃の思いとつながっていた（『木戸孝允文書』第三巻、二六二～二六三ページ）。

そこで、三月二十九日、政府内で対策が話しあわれ、政府の基本方針である対外和親政策に異論のある者を取り締まることが決議される（『嵯峨実愛日記』第三巻、四六ページ）。そして、これがさらにキリスト教問題の解決にむけての動きにもつながった。

パークスらの抗議

これより少し前、外国公使団の申し出をうけて、五島でのキリシタンの処遇調査にあたっていた山口範蔵が、三月に帰府し、同月二十日付で各国公使へ迫害の事実はなかったとする政府の返答がなされた。これにたいし、パークスは、四月七日付で、対外交渉の最高責任者であった外国官知事の伊達宗城・同副知事の東久世通禧・同大隈重信の三者にあてて書簡を発し、五島の信徒が政府の声明とは裏腹に、苛酷な処遇にあって死亡していることは明らかだとして、再度くわしい調査をおこなうことを求めた。そしてアメリカ・フランス・ドイツ・イタリアの各国公使も前後して同様の要請をおこなった（『公文録』明治二年四月異宗徒一件）。

このような動きをうけて、「何分にも至急に御所致あらせられたき事件は、耶蘇の一条也」（『木戸孝允文書』第三巻、二七四ページ）と危機感をつのらせていた木戸は、信徒問題の解決に乗りだすことを決意する。そして、さっそく行動を開始し、この四月大久保利通にたいして、政府のかかえる最重要課題がキリシタンの処遇問題と贋金問題と浪士問題であること、この三つの「患害」への対応策を朝議で確定し、そのうえで断然たる処置におよぶ必要があることを力説した（同上、三一八～三一九ページ）。

木戸にすれば、キリシタン処遇問題の無意味な先おくりは、諸外国の不必要な反発をまねくだけでなく、攘夷主義者に政府攻撃の絶好の口実をあたえかねなかった。

木戸と同様の認識は鹿児島側にもみられた。五月十五日付で大久保利通におくった書翰で、鹿児島藩士の新納嘉藤二は、旧尊攘浪士がキリシタンの制圧を名目に京都で不穏な活動を展開している状況に、同藩の海江田信義などが憂慮していることを報じた（『大久保利通関係文書』第五巻、六九ページ）。

キリシタン問題は、平田派の国学者や尊攘派の諸藩士・浪士の動向と絡み、政府関係者をして、なんらかの決断を下さねばならない、いっそう重要な案件となってきたのである。

仏教勢力とキリシタン問題

また、木戸がキリシタン問題の解決を、この段階で急がねばならなくなったいまひとつの要因としては、仏教勢力の不穏な動きと、それにともなう京都の世情不安があげられる。

仏教の排斥

倒幕とそれにつづく維新政府の成立は、仏教勢力に試練を課すことになった。維新政府の成立以来、神祇（じんぎ）関係者によって度をこえた廃仏行動が展開されたが、これは日本固有のものとされた神道原理を信奉する彼らにとって、仏教はキリスト教とともに外国からもたらされた異端（内なる敵）に他ならなかったからである。なかでも、神祇不拝を教義とする真宗にたいする神祇関係者の攻撃は激烈をきわめた。

そして、三月二十八日に、神仏の混淆（こんこう）を禁止する命令がくだると、仏教排斥の声が各地でおこり、僧徒や信徒の間では、朝旨が廃仏毀釈（きしゃく）にあると広く受けとめられた。また、閏四月二十日に諸寺・諸山の住持職の継承に関し、従来朝廷または幕府より許状をうけていた者は太政官代に、諸末寺住職は本山を通して太政官代に、それぞれ出願し、そのうえ宗派・国郡・寺号などを事こまかに書きしるして献上することになった（『明治天皇紀』第一巻、七〇五ページ）。

こうして仏教寺院・僧侶にたいする抑圧と統制がつよまるなか、廃仏毀釈に反発した真宗門徒が、戊辰戦争の過程で檄（げき）文を飛ばし、太政官はキリスト教を受けいれた異人支配の政府だと民衆をあおり、そのため新政反対一揆が発生する。

ここにいたって、朝廷としても事態をほうっておくわけにはいかず、六月、真宗五派（本願寺・東本願寺・興正寺・仏光寺・専修寺）の役僧らを太政官によびだし、デマを真宗五派の力で鎮めることを依頼した。これを受けて、各寺はあいついで僧侶を一揆の発生地域に派遣し、門末の信徒をさとした。

真宗五派の排キリスト教活動

そしてこの延長線上に、真宗五派の連盟が結成される。「それまで仲の悪かった真宗五派が一所に会して盟約を結び、慶長の東西本願寺分裂以来の画期的出来事として世の評判になった」（奈良本辰也・百瀬明治『明治維新の東本願寺』三〇九ページ）のは、慶応四年七月のことであった。

真宗五派が連盟をむすんだ目的が、神仏判然令の公布によって急速にうすれつつあった自分たちの存在意義を、キリシタン教諭活動への参画によって、政府に認めさせようとした点にあったことは明らかであった。

事実、五派は九州でのキリシタンの教諭に取りくむ意欲があることを政府に申し出る。しかし政府は、八月、その申し出をすでに信徒のリーダーを諸藩に流配したので教諭の必要がなくなったとの理由で、婉曲（えんきょく）にことわった。しかもそのうえで、十月、頂妙寺・寂光寺・本能寺など法華宗（日蓮宗）の一六本寺にたいし、神仏混淆をやめさせる施策の一環として、今後、天照皇太神・八幡太神などの神号を使用することを禁止すること、および神像の焼却を末寺にいたるまで徹底するようにとの御沙汰をくだした（『法令全書』第一巻、三二八ページ）。

ここに仏教側と維新政府のあゆみよりは決定的に遠のくことになった。そして、この年のすえから翌明治二年にかけて、京都、大阪、東京で真宗などの仏教教団が集会をもよおす。

仏教勢力の不穏な動き

そこでは、おおむね朝政があんに誹謗され、また態勢のたてなおしを、協和護国論（神儒仏の三教が協力して外国人とキリスト教から国家を護（まも）る）でもって図ることが決議された。そして、このことで攘夷論者をはじめとする反政府グループと仏教勢力がむすびつく可能性をたぶんにもつにいたった。

現に、木戸によれば、肥後藩関係者で京都にでてきた不平分子は、しきりに浮浪を煽動し、東本願寺をはじめとする諸宗派の僧侶のなかに、それに惑わされるものもでてきたという（『木戸孝允文書』第三巻、三四七〜三四八ページ）。

ここに、仏教教団を反政府陣営においやらないためにも、ある程度毅然としたキリシタン対応策を至急講じる必要があらためて政府に求められるにいたった。

浦上信徒の預託決定

木戸孝允（たかよし）が明治二（一八六九）年三月段階でキリシタン問題の解決を急がねばならなかった主たる理由は以上の点にあったと考えられるが、木戸の動きとともに、当該問題に進展がみられた。

木戸孝允の提言

木戸は、四月十九日付で岩倉具視（ともみ）にあてた書簡で、まずイギリス公使あたりに、当時の国情では急速な文明開化が難しいことを、ざっくばらんに打ち明けてはどうかと提言した。それは、具体的には、これまでの国法ではキリシタンは死刑となるが、そうした措置は講じないこと、しかし国法を犯した罪をまったく問わないときは、かえって国内の紛乱をまねくので、寛大な刑に処すつもりであることを話せというものであった（『木戸孝允文書』

第三巻、三二六ページ)。

このいわば泣き落とし戦術の採用をもとめたといってもよい木戸提言は、イギリス公使に代表される諸外国と攘夷主義者・仏教勢力の双方にたいする明らかな妥協案であった。そして、岩倉は、この提言をいれて、四月二十七日パークスと会い、日本の国情を伝える。

信徒の諸藩へ
の流配が確定

つづいて、翌五月には、戊辰戦争が箱館五稜郭の陥落で終わったのをうけて、キリシタン問題の本格的な解決が図られる。まず外国官知事に沢宣嘉が、耶蘇宗徒御処置取調掛に、刑法官副知事の佐々木高行・権弁事の渡辺昇らが任命される。渡辺は、大村藩士で、長崎裁判所に出仕するなど、長崎の事情に詳しかった。政府は、信徒を諸藩に流配するにあたって、長崎でこの問題に苦慮したかれらの知識と経験をかったといってよい。

また、取調掛には、佐々木と渡辺のほかに、参議の広沢真臣と神祇官判事の福羽美静が任命されたが、福羽の任命は、政府がキリシタンの取り締まりと教化を神道にもとづいておこなうことを決意したことを示している。

いっぽう、この五月には、公議所でキリスト教問題が検討される。すなわち、この月の十七日にキリスト教徒の処遇をどうするかが話しあわれ、五日後の二十二日に、処分はするものの厳刑（死刑）はおこなわないことが決議される。ここに信徒の諸藩への流配を実行に移すことが、どうやらほぼ確定をみたらしい。

なお、信徒のあらたな預託先としては、はじめから中部以西の諸藩が想定されたわけではなかった。四〇〇〇人以上の信徒を北海道にうつして、開拓に従事させる具体的な計画が一時決定をみていたからである（鈴木裕子論文〔参考文献〕六〇〜六一ページ）。

このように、浦上キリシタンを諸藩に流配するという計画が、どうやら政府内では五月ごろから具体化しはじめたらしいが、それにともなって適切な措置が講じられていく。

宣教使の設置

まず六月に、五島藩にたいして、信徒にけっして苛酷な処置をとらないようにとの注意がなされる。つづいて七月八日には宣教使が神祇官の下に置かれる。宣教使の設置は、いうまでもなく、浦上キリシタンを早急に教諭する必要に迫られてのことであった。そして、以後、宣教使が日本が尊い神国であるいわれを説く役割をになわされ、神道国教化をめざす体制が整えられていく。

時あたかも、宣教使の設置にあわせるかのように、浦上および浦上周辺のキリシタンの反政府的な言動が中央につたえられる。

キリシタンの調査を命じられて長崎に派遣された燈明台建築掛の上野景範から、横浜では天主堂に出入りする者を勝手に捕縛していることを聴いた長崎県（明治二年六月、長崎府が廃止されて長崎県が置かれた）知事の野村宗七は、八月八日付の公翰で、外国官知事の沢宣嘉と同副知事の寺島宗則に、大浦天主堂に出入りするキリシタンを捕縛してもいいかどうか至急指示してほしい旨の依頼をおこなった。これは、大浦天主堂のフランス人神父のもとへ、浦上村の住民だけでなく、平戸あたりの住民までもが絶えず出入りしているとの情報が野村らの耳に届いたことをうけての要請であった。

長崎地方の信徒の状況

そして、長崎の状況は、八月十七日に長崎から帰ってきた上野が、野村から託された公翰を提出するとともに、自らの見聞を報告するにおよんで、より明らかとなった。

上野景範の報告

上野は政府に、①大浦天主堂に集まる数百人の日本人信徒が、すこしも政府を恐れる様子がないこと、②馬込村に住む一般住民（非キリシタン）が、多数を占める村内のキリシタンによって「村中の交際」を断たれ難儀したため、やむをえず入信したこと、また同村のカトリック信者が恐れる様子もなく、信者であることを認めたこと、③馬込村の「民家、一軒として神祇の守札等を張りし所な」く、「またここに昨年来、天照皇大神の廟設けありといえども、ここに詣拝する者はもちろん、その廟の鳥居中より中に入」る者がいないこと、④信徒の数が五〇〇〇人に達するらしいこと、⑤馬込村にやって来たフランスの神父が、信徒にたいし、カトリック教会をうしろだてにしている以上、日本政府は信徒に手をだせないので、「決して政府を恐るべからずとあい諭」したらしいことなどを報告した（『公文録』明治二年八月異宗徒一件）。

浦上キリシタンがその信仰心ゆえに実践した諸々の行為は、維新政府関係者にとって、旧来の村落秩序への挑戦と破壊に他ならなかった。このような行為を黙認することは、かれらにとって、政府の威権をいちじるしく揺るがし、反政府分子に太政官は異人支配の政府であるとの確証をあたえることにつながりかねなかった。また、天皇家の祖宗である天照大神を祭る皇太神宮への不敬行為は、国家統治の根幹にかかわる非国民の行為として断罪されなければならなかった（羽賀祥二『明治維新と宗教』一五七〜一五八ページ）。

ここに政府は、五島ではなく、浦上のキリシタンにたいして至急流配策を決行せざるをえなくなったのである。そしてこれは、さっそく翌九月、明治二年五月の設置以来、激しいキリシタン狩りを展開していた弾正台の大忠（尹・弼につぐポスト）をつとめていた渡辺昇（ただし任命は同年八月十五日）へ、長崎派遣を命じる通知となった。

以後、渡辺は長崎にあって、県知事の野村宗七や日田県知事の松方正義と協議して、浦上キリシタンの捕縛と諸藩への移送を実行する準備にとりかかった。

ひきつづき、信徒を諸藩に移送する打ち合わせのために、中山長崎県大参事が十月下旬に出府してくる。このとき中山が太政官に提出した書付にも、浦上村のキリシタンが天主堂へ参詣し、フランスの神父も浦上へ折々やってくること、信徒が日本の神仏を敬わないこと、死者がでた際、旦那寺に埋葬せずに自分たちで勝手に葬ることなどなど、浦上キリシタンやフランス人神父の「国法」違反行為が具体的に記されていた。

そして、さらに注目すべきは、キリシタンの数が浦上からその周辺地域（平戸や五島あたり）にむかって拡大しつつあることが強調されていたことである。

諸藩への浦上信徒の移送開始にむけての作業が一気に進展するのは、長崎県の高官によってキリスト教徒の急激な増加が強調された、この明治二年十月のことであった。

十月から翌十一月にかけて、太政官から徳島・山口・松江・津和野・福山などの諸藩にたいして、信徒の預託が命じられる。また、金沢・山口・津・松江・宇和島などの諸藩には、信徒の預託とは別に、信徒移送のための船艦の長崎への廻航が命じられる（ただし移送費用は、長崎県から支給することがあわせて通達される）。

そして、この十月には、太政官から浦上信徒を預託する諸藩にたいし、信徒を受けとるための手はずと信徒取りあつかいに関する注意点が通達される。

太政官の通達

それは、①第二次流配者を支配地の人民同様親切に撫育(ぶいく)し、開墾や鉱山労働などに使用すること、②キリスト教の信仰を厳禁し、人事をつくして教諭を加え、良民に復するようにせいぜい教化すること、③流配者の引きとりは十一月二十五日後はいつでも差しつかえのないようにしておくこと（ただし、預託される藩のすぐ近くの都合のよい港まで流配者を送るので、連絡をうければ速やかに受けとりの者を差しだすこと）、④預託にともなう諸費は藩の費用でまかなうこと、もっとも徐々に信徒をそれ相応の生業に就かせ、公費がかからないようにすること、という内容のものであった。

第一次流配者の預託時と比べて、信徒を在地の住民から隔離するという発想が希薄になっていること、あまりに多人数の流配となったため、政府が財政的支援をおこなえず、藩の一方的な負担がもとめられた（第二次流配者にかかる費用は、とりあえず全面的に藩持ちとなった）こと、が特色としてあげられる。

預託が想定された藩と信徒数

ところで、明治二年十月の時点で、政府が預託しようとした諸藩ならびに信徒の総数であるが、それは二五藩・約三六〇〇名であった。もっとも、当初予定された配分人数と、その後実際に預託された人数とは大きく違うことになった。なかでも実際に預託された人数と当初の配分人数が大きく違うのは次の諸藩である（上が当初予定された配分人数、下が実際に預託された人数である）。

〔広島藩〕　およそ三一〇〇人→一九一人
〔山口藩〕　およそ一〇〇人→二九八人
〔津　藩〕　およそ一六〇人→　九三人
〔姫路藩〕　およそ　七五人→　四五人

また、明治二年十月の時点で信徒の預託が想定された諸藩のうち、なぜか福井・彦根・久保田・小浜・淀・津山の六藩には信徒が預託されなかった。そして、右の数字からも明らかなように、六藩への預託が中止となった結果、もっとも大きな被害をうけたのは山口藩であった（ただし、同藩に実際に預託された二九八名のなかには第一次流配者をふくむ）。

諸藩の抵抗

十月の時点で、このような内容の第二次流配策が政府内で決定をみ、諸藩に通知されたが、諸藩の多くは、信徒の預託がキリシタンの蔓延につながるとの恐怖や財政負担増大への反発（それに明治二年の凶作の影響）もあって、迅速な行動はとらなかった。そのため、十一月十二日段階になっても、諸藩の蒸気船は一隻も長崎に来ず、欧米諸国の差しとめを恐れて秘密裡に信徒を諸藩へ移送しようとした在崎の松方正義や渡辺昇らは、信徒や欧米諸国への漏洩を恐れるばかりであった。

こうした政府側の焦りを知ってか知らずか、高知藩などは、十一月十九日付をもって政府にたいし、藩船二艦の使用を破損と藩用を理由に婉曲に拒否し、あわせて信徒の受けとりは帆船をもってするので、海風の関係で遅早があるかもしれない旨を上申した。同様に、広島藩は、蒸気船が航海中であることを理由に、帆前船の出帆を政府にたいして告げる（したがって、政府の決めた期限までに長崎に到着することがおぼつかない旨を報告する）。また、名古屋・津の両藩は、取り締まりにあたる人物がいないことを理由に、信徒を受けとることをしぶり、明治三年一月段階になっても埒があかなかった。

山口藩の要望を却下

こうした諸藩のなかで、信徒の預託にもっとも抵抗したのは山口藩であった。改心者の帰郷が許されないなか、あらたに信徒を受けとっても今後の教諭にめどがつかないことに加え、藩内に兵制改革に端を発する騒動（諸隊兵の反乱）が発生し、信徒の受けいれどころではなかった同藩では、改心した第一次流配者の長崎への帰郷をしつこく政府にもとめた。

そして、その返答がよせられないさなかの十月二十五日段階で、太政官からおよそ二六〇名の信徒の運送（ただし、これは下関への運送者の数であって、同藩への預託者の数はおよそ一〇〇名であった）と、そのための藩船の長崎廻航（期限は十一月二十五日まで）を通達されると、すぐに太政官に猶予を願い出た。

猶予理由は、信徒の輸送にあたる蒸気艦（第一丁卯丸、丙寅丸、乙丑丸）が長崎で修復中であること、第二丁卯丸のみが運航可能だが、これは二、三十人の乗組みもかなわない船で、急の御用をつとめられないというものであった。

しかし、この山口藩の猶予願いは、十月二十九日、御用をつとめる蒸気艦がないならば和船で代用してもよいとする政府の付札でもって却下される（ただし長崎への廻船は、多少の遅れが認められる）。

だが、同藩ではこれにもめげず、引きつづき信徒の預託猶予をもとめる案文を作成し、関係機関にはたらきかけた。しかし、事態は同藩にとってより悪い方向へとむかった。十一月十三日付で長崎県知事から山口藩知事と同参事にあてて送られた公翰で、当節四九名、追って二四九名の計二九八名の山口藩への送付を告げられたのである。

これは先の太政官の通達中にしめされた人数（およそ一〇〇名）をはるかに上まわる、山口藩にとってさらなる犠牲をしいる苛酷な人数であった。太政官からの通達人員よりも「過上」な人数となったのは、長崎県知事の説明によると、前年送られた浦上信徒（それは家主であった）の家族を引き分け、他所へ送るわけにもいかなかったためであった。

なぜ当時、諸隊の精選による常備軍の編成問題が原因で藩内が騒然とした状態にあった同藩が、よりによってこれほどの多人数を押しつけられたのか、これだけの理由では納得がゆかないが、おそらく同藩出身の小野述信（じゅつしん）が政府のキリシタン対策の中心にいたこと、山口藩が第一次流配者全員の改心を達成したことなどが関係したものとおもわれる。

このような内容の通知にたいし、山口藩は当然のことながら、さらに抵抗するが、十一月二十四日、「肥前国浦上村その外異宗門の徒、およそ百九十八人増御預」をあらためて通達される。同時に、信徒の取りあつかいは十月の通達どおりと心得えるようにと命じられる。政府はこうして再度にわたる山口藩の要望を冷酷に却下し、政府の高圧的な姿勢の前に、山口藩は最終的には第二次流配者のあらたな受けいれ通知をのまざるをえなくなったのである。

信徒引き渡しの光景

このように、政府は、諸藩の抵抗や反発をうけながらも、強引に第二次流配者の運送と預託を諸藩におしつけたが、ここで信徒を諸藩に送りだした際の状況を簡単にみておこう。

渡辺弾正大忠の選別

浦上信徒の移送にあたっては、全権を委任されて長崎にやってきた弾正大忠の渡辺昇が長崎県の役人と協力して、諸藩に預託する人物を選別した。そして、選別にあたっては、政府の命令もあって、信徒の家族が諸藩に離れ離れに預託されるようなことがないようにとの配慮がなされた。ところが、あまりにも多人数の選別を、しかも短時日におこなったため、思惑どおりにはいかず、トラブルが生じた。

なにしろ数千人にものぼる信徒を一時に送り出そうとしたため、祖父母や孫、おじ・おばまでをすべて同一の藩に送りだすことができず、また出帆を待つ間に、すくなくとも数十人の範囲で脱走者がでた。それとともに護送の者へ信徒を引きわたす際、老幼足弱などの都合でにわかに人員を差し替えることもおこった。

そのほか、信徒のなかには、自分が預託される藩がキリシタンにたいして厳しい処遇をおこなうとの噂を聴き、他藩への預託を願いでる者もでた。そして、この点に関しては、信徒をほぼ送り出してから、政府に提出された長崎県の報告書中に、「家族は一同あい移し候様、御沙汰にしたがい取りはからい候えども、中にはその身の望みに任せ、他所へ遣し候分御座候」（『浦上切支丹史』二八九ページ）とあるように、家族の自由意思にまかせたこともあったらしい。事実、「旅の話」には、父や夫が萩に預託されていた二家族が長州行を拒絶して、北陸の大聖寺藩に流配となった話などがみられる。

みせしめ的な意味はもたず

したがって、第一次流配者の家族でありながら、他藩へ預託された信徒は、おじ・めいクラスまでふくめると多くみられるが、それは第一次流配者中の非改心者にたいするみせしめ的な意味はもっていなかったと思われる。

たとえばこのことは、明治三年九月、山口藩の杉民治が藩府にたいし、第一次流配者の政右衛門（浦上の家野郷城越出身。改心者）が、母と妻子が全員津和野藩に預けられたことに悲歎し、妻子らへ書翰を出すことを懇願しているので、それを許してやってほしいと要請していることなどでも明らかである。政右衛門が非改心者ならばともかく、改心しているることを考えれば、かれの母や妻子が津和野に送られたのは非改心者へのみせしめ的措置とは考えられないからである。

各藩に家族がバラバラに流配されたケースは、基本的には、長崎での準備不足等にもとづく手違いに起因するもの以外は、家族の意思が反映された結果とみるべきであろう。

移送開始の日時

ところで、第二次流配者の移送が開始された日時であるが、これは明治二年十二月上旬のことであった。まず十二月四日に戸主らが長崎から送りだされ、つづいて同月六日に残りの家族たちが長崎をあとにする。

なお、信徒の出発前、諸藩への預託を通知されたかれらは、家財の取り片づけのための時間を必要とするとの名目で、十二月三日までの猶予を願い、渡辺昇らは、十二月四日出発を条件にそれを認めた。浦上信徒が猶予を願い出たのは、この間に、パークスや在崎の各国領事の圧力による預託の中止を期待してのことであった。しかし、渡辺や野村長崎県知事の決意はかたく、十二月二日に帰崎したパークスとの談判は不調に終わり、諸外国の力をかりて預託を中止させようとした信徒の願いは適わなかった。また、信徒の出発時には、渡辺が馬上で指揮をとり、その姿は信徒の眼にはさながら鬼のように映ったという。

信徒の預託先と人数

つづいて、こうした経緯をへて移送された浦上信徒の預託先とその人数が問題になるが、残念ながら、預託人数に関しては、正確な実数はわからない。

これは、先程あげたような信徒出発時の混乱発生による関係史料の不揃い以外に、信徒を受けとった藩の間で、預替などがおこなわれたことにもよっている（たとえば、金沢から大聖寺へ、さらに富山へ一部信徒の預替がなされた。また津藩は、大和古市、伊賀上野、伊勢二本木へ、それぞれ信徒を分散して置いた）。

その結果、預託先の藩と預託された人数に関しては、『長崎県史』は二一藩・三四一六名説、『和歌山県史』は一九藩・二八一〇名余説、『岡山県史』は二一藩・約三〇〇〇名説、『愛媛県史』は二一藩・約四〇〇〇名説、『萩市史』『明治史要』は一八藩・三四三四名説を採用するなど混乱が生じるにいたった。

そこでまず信徒の預託先からハッキリとさせるが、これは正確なところは、富山・金沢・大聖寺・名古屋・津・大和郡山・和歌山・姫路・岡山・福山・広島・鳥取・松江・津和野・山口・高松・徳島・高知・松山・鹿児島の二〇藩と、津藩がさらに分散して置いた大和古市・伊賀上野・伊勢二本木の三ヵ所であった。

流配信徒の総数

いっぽう、流配された信徒の総数であるが、これは現在でも正確なところは断定しえない。諸藩に流配された浦上信徒の人数（第一次流配者もふくむ）に関しては、片岡弥吉氏の論文（「異宗門徒人員帳の研究」〔参考文献参照〕）が出るまでは、浦川和三郎氏の『切支丹の復活』（後篇）に記された三四一四名が定説とされていた。それが、片岡氏の論文によって改められ、流配人員は三三八四名（諸藩が受け取る以前の途中死亡者を含まない人数）とする氏の見解がその後有力となった。

これにたいし、最近、流配された信徒たちの名前を徹底的に調査された山田光雄氏の労作（参考文献参照）が出版され、これによると流配人員は三四六〇名となっている。

このように、諸氏の研究では流配された信徒数に関して若干の相違がみられるが、いずれにしても、富山以西の諸藩に流配となった信徒の総数は、第一次流配者の数一一四名を除くと、だいたい三三〇〇名前後であったことはほぼ間違いないものとおもわれる。

したがって、その人数からいって、第二次流配策が、日本史上でも有数の宗教弾圧の事例であったことは争えない。

トラブルの発生

なお、ついでに記しておくと、長崎から送りだした信徒をもよりの場所で諸藩に引き渡す際にも、トラブルが生じた。たとえば名古屋藩は、大阪で信徒を受けとることになっていたが、かねて通知されていた預託信徒数よりも多いといった理由で、信徒の受けとりを拒否した。そのため、大阪府がやむをえず信徒を一時預かることになり、その結果、思わぬ失費をしいられた大阪府が、政府にたいし金銭の補償を請求することもおこった。浦上信徒の大規模な流配は、関係諸藩だけでなく、周辺の府藩県にも多大な迷惑をおよぼすことになったのである（『公文録』明治三年一月異宗徒。『大久保利通関係文書』第三巻、一三一～一三二ページ）。

諸外国の抗議と明治政府

欧米諸国の反発

このように、第一次とは比較にならない大規模な流配策を強行した政府であったが、当然のことながら、諸外国のつよい苦情をうけることになった。政府の当初の予定では、浦上信徒の預託に関する諸外国の承諾（ただし事後承諾）は、明治二年すえまでに得られるはずであったが、翌明治三年一月をむかえても政府の思いどおりにはいかなかった。

明治三年一月にだされた外務省の諸藩への達（たつし）によると、この時点で信徒の預託にかかわる各国公使との文書の往復ならびに応接は数回におよんでいたが、外国側は事前になんらの相談もなく出し抜けに信徒の預託が強行されたことにまず反発を示した。また信徒の妻子らを諸藩に預託した今回の措置が、信徒にたいして寛大な方針でのぞむとした明治元年すえの日本政府の約束と大いに相違していると非難の語気をつよめた。

ただ外国側は、信徒流罪の正当性を神社侮辱などの国法違反行為にもとめた維新政府の説明に対しては、「日本にて自国の国法を行ない候理は、必ずこれあるべく候。仮令(たとい)その法、各国の当時の公法に合わず候とも、それをしいて行ない候理はあるべし」としぶしぶながらも認めた(『日本外交文書』第二巻第三冊、五四三ページ)。

そして、とりあえず、まだ長崎に残留していた「移し残り」の信徒の預託停止とすでに諸藩へ送られた信徒の長崎への帰還を政府につよく要求する。そして、もし政府が諸外国の要求をのまないならば、ただちに宗旨論争(キリスト教の宗旨が是か非か、神の善悪を争う)にうつるとまで脅しをかけてくる。

キリスト教の正邪を論じることは、当時にあってもちろん政府関係者の歓迎することではなく、事態は政府関係者にとって憂慮すべき段階にまでいたったといってよい。この問題をきっかけに対外和親政策が破綻し、場合によっては日本一国で欧米諸国を相手にするほかない国家的危機が到来することが十分に予想されたからである。

信徒の大規模な諸藩への流配が実施にうつされると、すぐにフランス・アメリカ・ドイツの公使から警告が発せられたが、諸外国と日本側の対立点が鮮明にあぶりだされたのは、明治二年十二月十六日に外務卿邸でおこなわれたイギリス公使館書記官アダムスと外務大輔寺島宗則の会見においてであった（同上、五三九〜五五五ページ）。

アダムスと寺島宗則の会見

この日の対談で口火をきったのは、イギリス公使パークスの代理としてやってきたアダムスであった。かれは、寺島にむかって、まずパークスが長崎で今回の事件をはじめて知って大変残念に思っていることを伝えた。つづいて、浦上信徒にたいする日本政府の今回の処置それ自体は、もとより日本の内政問題で申し上げることではないが、それでも抗議する理由をあげた。

それは、日本側がこのたびの処置はけっして苛酷でないとさかんに強調するが、年来住み馴れたところを離されるのは、信徒に大いなる難渋をしいる苛酷な処置にほかならないとするものであった。

たしかに、アダムスの指摘をまつまでもなく、江戸期から明治初期にかけて生きた日本人は、自分たちの住む土地を離れることがすくなく、生活すべての文字どおり基盤であった在地から追放されることは、現代人が考えるよりもはるかに精神的・肉体的に苦痛をともなう措置であった。こうしたことを考えれば、流配は、まさに苛酷な処置そのものであった。

アダムスの脅し

そして、アダムスは最後に流配策の中止をつよく求め、今回の処置の様相によっては、各国とも日本との交際を断絶する場合にいたるかもしれないと脅しをかけた。

なお、この日の対談でアダムスは、新政府の発足以来、徳川の旧弊をとりのぞき、しだいに開化におもむくと楽しみにしていたところ、案に相違し、これから日本政府の欧米での噂も大変悪くなるだろうと、今回の日本政府の措置が、政府の推しすすめている開化政策に逆行することを指摘した。ここにこの問題は、諸外国によって維新政府の開化政策の姿勢そのものを問う問題とされたのである。

また、アダムスは、今回の件で横浜駐留中のイギリス陸軍の撤退が中止をみたこともあわせ伝えた。その理由は、このあと日本との交際でなにごとがおこるか計りしれないためというものであった。一八六三（文久三）年五月以来、英仏両国兵の横浜駐屯によって、日本の国土の中にごく一部とはいえ半植民地が出現していたが、この状態が継続されることがイギリス側によって通告されたのである。浦上信徒の諸藩への預託実施によって、政府が引き換えにはらった犠牲はけっして小さなものではなかった。

このようなイギリス側の抗議にたいして、寺島は日本政府が大規模な流配策を実施した理由を説明したが、それは次の二点につきた。

寺島の釈明

第一は、今回の日本政府の措置は、けっして苛酷なものではなく、明治元年すえに各国公使にたいしてなされた約束への違反にはならないというものであった。すなわち、わが国では古来キリスト教信仰は厳禁しており、違反すれば磔(はりつけ)の刑に処すことになっているが、今回、磔の刑はおろか、それに次ぐ獄門や死罪、あるいはそれよりもなお一等軽い入牢などの刑には処さないで、考えられるかぎりもっとも軽い処罰である流配処分にしたのは、いわば刑法外の措置であり、「格別の寛典」に該当する。

第二は、日本ではキリシタンの数はごくごく少数でまったく問題とするに足りないが、国内法および国内人心との関係でやむをえず流配策を採用したというものであった。すなわち、キリスト教を信仰し、かつ神社を侮辱し、村中の不和をまねくなど、従来の国法に違反する諸々の行為をこのまま放置すれば、刑法があってないがごとき状況となり、その結果、国家の運営そのものが難しくなるので、ばんやむをえず信徒を他藩へうつして教諭を加える手段にでた。したがって、日本政府はキリシタンを不当に弾圧する意図はもってはいない。それどころか、むしろ、キリスト教を信仰すれば必ず極刑に処せられると信じている一般大衆の前で、あまりに「寛裕に過ぎ候」処分を今回おこなったので、かえって人心の疑惑をまねくのではないかと政府ではひたすら心配している。また、各国公使の勧告で流配策を撤回すれば、「外国の支配を受け候政府」と国民に受けとられ、そのことで政府がいっそう苦境においやられるおそれがある。

以上が寺島のおこなった釈明の骨子であったが、さらにここに注目しなければならないのは、このとき寺島がアダムスにたいして、諸藩へ預託した信徒とその家族への十分なアフターケアをおこなうことを保証したことである。

それは具体的には、①移民は家族の離散がない（夫婦・親子の別離がない）ように注意する、②預託先の藩では、かれらに耕地を支給し、自活できるように配慮する、③信徒とその家族が改心次第、浦上への帰郷を早々に許すつもりである、という趣旨のものであった。

かなり長い紹介となったが、こうしたやりとりがアダムスと寺島両者の間であったあと、寺島は明日政府内で評議したうえで返答すると応え、長時間におよんだ会見を切りあげた。

翌十二月十七日、アダムスと寺島の応接内容をふまえ、明日に予定された各国公使との談判にのぞむ際の政府の方針が討議される。

外務省の提言

このとき集議の席に、外務卿が持参した上陳書が提出されたが、ここには外務省の提案がもりこまれていた。それは、すでに長崎ではかなりの数の信徒の移送を終えているであろうから、このうえは外国側の要請を受けいれて、まだ長崎を出発していない残りの信徒数百名の移送を中止しても、かまわないのではないかという提案であった。この提案にたいし、この日の集議の席で承諾があたえられ、その結果、外国御用掛の花房義質(はなぶさよしもと)を長崎に派遣することが決定をみる。

各国公使との団交

こうした決定をへたうえで、翌十八日高輪の応接所で、右大臣の三条実美(さねとみ)以下の政府首脳と英・仏・米・独各国公使との談判がなされる。談判の席では、信徒の国法違反行為を流配処分の理由とした日本側と、信教ゆえの処罰と受けとめた各国公使との間で意見のくいちがいがみられた。

そして、この日の談判で日本側は、欧米諸国になんら通知をしないで信徒を諸藩に流配した理由を、前年「国事多端」のため見あわせていた移送を、戊辰戦争の終結をうけて再開したにすぎないためだと説明した。同時にまだ長崎を出発していない妻子らの移送中止を各国公使に通知する。

またこの日、ほんらい磔刑(たくけい)または死罪となるキリスト教徒を流配にしたのは、「格別寛大の処置」と強調する日本側と、住所から離され、田畑を失うのは、「厳酷の処置」だと反論する各国公使との間で、「寛大な処置」の内容をめぐって議論が闘わされ、議論は平行線をたどった。そして日本側は、最終的に慶応四年六月の第一次流配時よりも、「一層寛宥に（信徒を）扱」うことを各国公使に約束させられる。それは具体的には、預託先で田畑や住居を信徒に支給するといった内容のものであった（同上、五五九〜五八二ページ）。

つづいて翌十九日、約束どおり外務省から長崎県へ残余の信徒の移送を中止する命令がだされたが、ちょうどこの日、第二次流配が完了したとの報告をたずさえて渡辺昇弾正大忠らが出府してくる。ここに信徒の移送の中止を求める諸外国の要請は、事実上意味をなさなくなる。そのため外国側の要求は、このあと、すでに諸藩に流配した信徒を長崎にもどすことにしぼりこまれることになる。しかし政府としても、浦上信徒の即時帰郷はとうてい受諾できる要請ではなく、この点は断固拒絶した。

そして、こうした政府を背後にあって支えたのが、長崎県のスタッフであった。かれらは、諸藩に流配となった信徒がそのうち欧米人の周旋でおいおい帰ってくるとの風評が取り沙汰されるなか、もしそうしたことがおこなわれれば、県の威令はもちろん政府の威令も地におちるとつよく危惧し、政府にたいして信徒の帰郷絶対反対を訴える。

そして、政府はこうした地元の意見を無視できず、また欧米各国の外交団としても、条約に規定された日本人への布教禁止にカトリックの神父が違反したとの負い目もあって、これ以上つよい態度にでることができなかった。そのため、以後この問題はしばらくの間、事実上たな上げされることになる。

浦上信徒の生活と迫害の実態

信徒たちをめぐる環境

信徒を諸藩に流配せざるをえなかった政府の内情ならびに欧米諸国との関係等については、これくらいにとどめて、次に第一次とは比較にならない大規模な流配となった信徒の預託先での生活（なかでも迫害問題）について、みることにしたい。

「旅の話」

ところで、浦上信徒が流配先の諸藩でどのような生活を送ったかについて具体的に知りうる材料は、当の信徒たちの体験談である「旅の話」や覚書類を除いては存外すくない。他に政府と藩サイドの史料が残されているが、ここからは一般的にいって、信徒の預託生活はあまり窺うことができない。

　また、同じ藩に流された信徒の証言にしても、一八七一（明治四）年二月から三月にかけて、金沢以下の北陸三藩を視察した外務少丞の水野良之が、「十人あい糺し候えば、十色の申し立てにて、とりとめず、銘々、事大そうに不足難渋を申し立て、中には不足がましき儀さらに申し立てざるもあり、宗民の申し立て信用いたしがたき廉多く候」（『日本外交文書』第四巻、八〇五ページ）と書き記したように、改心者か非改心者かで大きく違い、また個々人の資質や生き方などによっても大きく違った。そのうえ、「旅の話」に収録されている信徒たちの体験談は、おおむね信じられるとおもわれるが、なかには、どう考えても実際に流配されたはずがない者が預託先での話を語っているケースもみられる。

　また、実際に流配された信徒の話でも、記憶の薄れや無知からくる事実誤認、あるいは解放後の自己の教会内での立場と流配生活との微妙なかかわり、といったことと無縁ではありえず、案外信徒たちの諸藩での生活については客観的な事実は知りえない状況にある。

「旅の話」では、もっぱら、諸藩での拷問をふくむ苛酷な取りあつかいにたいして、信徒がその強い信仰心でもってあくまで信仰を守りとおした話が中心となる。反面、どういう事情であれ、棄教した信徒への評価は極端に低くなる。また非改心者にたいして加えられた棄教者の冷酷な行為を弾劾する文章がけっこう多くみられるのも特徴である。

これは、カトリック信仰のあり方（信仰の評価をふくむ）と大いに関係があろう。すなわち、いままでのキリスト教史では、キリシタン弾圧時にあって、多くの殉教者がでたことが特筆され、そのうえで、そうした状況にあっても転ばなかった（改心しなかった）ことがキリスト者としての評価の基準とされた。

「旅の話」がかかえる制約

こうした転ぶか転ばないか、別の言い方をすれば、自分の生命を賭してまで信仰を守ったかどうかがキリスト者としての評価のほとんど唯一の基準とされるような伝統のなかにあって、「旅の話」がいきおい改心を迫る権力者にたいして、あくまでそれを拒否して死をむかえた信徒に高い評価をあたえたのは当然のことといえよう。ただ、そのため、時に信徒の話のなかに、程度の差はあれ、誇張された内容がまじることになったのはさけられない。それは、「旅の話」がかかえる基本的な制約といってよかろう。

したがって、「旅の話」にこうした制約がある以上、預託先での信徒の生活を知るためには、諸藩ならびに政府サイドの史料の検討が不可欠となるが、これがまた、分量は多いものの、信徒の生活の実態を知りうるに足る良質の史料と即なりうるかといえば、そうは簡単にいかないのが実情といえる。さきほども記したように、史料そのものの性格からいって、信徒の生活が窺われにくいうえに、この問題は諸藩サイドにとっても、けっして愉快な出来事であったはずはなく、そのため事実そのものの隠蔽（いんぺい）や関連史料の廃棄・改竄（かいざん）もあったと想像されるからである。

浦上信徒の諸藩での生活をみていこうとすれば、以上のような制約があるが、このことを念頭において、これからこの問題をみていくうえで最初に確認しておかねばならない点をあげておく。次の諸点である。

三藩と他の諸藩との違い

第一は、第一次流配者に引きつづき第二次流配者をも受けいれた山口・津和野・福山三藩と、第二次流配者をもってはじめての信徒受けいれとなった他の諸藩とでは、状況が異なることである。すなわち、前記三藩は、第一次流配者の預託によって、信徒を取りあつかう際のノウ・ハウといったものをすでにある程度獲得していたのにたいし、新しく信徒を受けいれた諸藩では、当然のことながら、そういったものは持ちあわせてはいなかった。

また、前記三藩は、信徒の預託によって、かれらのキリシタンとしての実像をかなりの程度熟知するにいたっていた。それは浦上信徒が無学文盲ではあるが、概して真面目で労働力として十分に使えるといったことや、魔法を使うといったたぐいのデマとは無縁の実直で身持ちのよい農民・商人・職人であるといったことである。これにたいし、後者の諸藩が、多くの信徒を受けいれたこともあって、信徒の虚像におびえ、信徒の預託によって、キリスト教が領内に広まることを極度に怖れたことは否めない。

第二は、第一次流配者につづいて第二次流配者をも受けいれざるをえなかった山口・津和野・福山の三藩は、家族を引き離すわけにはいかないとの理由のもとに、他藩よりも相対的に多い信徒を預託されることになったことである。それは三藩に大いなる犠牲をしいることになった。なかでも、信徒を預かった諸藩（二〇藩）のなかで唯一、一〇万石以下の非大藩であった津和野藩のはらった犠牲は大きく、これがただでさえ苛酷であった同藩の信徒対策をいちだんと苛酷なものにしたと考えられる。

第三は、第一次流配時と第二次流配時では、信徒の預託を命じられた諸藩のおかれた状況に決定的な差があることである。第一次流配時は、預託された信徒の数が小人数であったこともあり、藩がかぶる預託にともなう費用は比較的少額ですんだし、またかなりの程度政府からの助成（一人につき扶持米を一日あたり五合ずつ支給）もあった。

これにたいし、第二次流配時は、預託される信徒数が膨大な数になったため、はじめから信徒受けいれにともなう費用はほぼ全面的に藩持となった。そのため、諸藩は信徒の預託にともなう費用をいかにして減らすかについて真剣な対応を迫られることになり、それが労働力としての信徒の酷使等につながる場合もあったと考えられる。

真宗僧侶による教諭

第四は、信徒の改宗にあたって、諸藩は神官の力に全面的に依存したわけではなく、多くの藩では藩士以外に僧侶（それも浄土真宗）が動員され、仏教をもってする教諭がおこなわれたことである。

浦上キリシタンの改宗に関しては、「神道による洗脳教育」がなされたとのイメージが一般的につよいように思われるが、実態は信徒を郊外の寺院におき、僧侶による教諭をおこなうなど寺院にまかせっきりにした藩も多かった。これは、各藩に宣教使が派遣されなかったことに加え、特定の開祖も聖書や仏典のような教典もともにもたない神道では、体系的な教義をもつキリスト教にはとうてい太刀打ちできなかったことによろう。

この点、キリスト教に対抗できる教義（親鸞や蓮如の思想）をもち、また一般民衆にたえず説教する機会をもっていた浄土真宗の僧侶が、信徒の教諭にかりだされたのは、当然のことであった。

諸外国への約束

第五は、五島地方のキリシタンの弾圧や浦上信徒の諸藩への預託に関して欧米諸国からつよい抗議をうけた政府が、諸外国にかれらキリシタンにたいして苛酷な措置はけっしてとらないことを固く約束させられたことである。

この点に関しては、上述したように維新政府は、明治元年十一月下旬の時点で、外国官副知事の東久世通禧(ひがしくぜみちとみ)から各国公使にたいし、キリシタンへ「寛大な処置」をとることを通知した。また翌明治二年十二月には、預託信徒にたいしてけっして苛酷な処置はしないこと、家族を分散しないこと、田畑を支給することなどを諸外国に約束した。そして、パークスなどの理解では、日本政府は、こうした寛大な政策を実施していることを欧米各国に公開する意志をも伝えていた（『日本外交文書』第四巻、七五二〜七五三ページ）。

政府の諸藩への指令

これを受けて、翌明治三年一月、政府は諸藩にたいし、諸外国に政府が約束した条項（信徒を、それ相当の生業に就かせ、田畑や住居を支給し、家計に差しつかえがないようにする）を実行することをもとめた。そして、金沢藩以下の諸藩はこれを了承し、請書を外務省に提出した（『日本外交文書』第三巻、三七八〜三七九ページ）。すなわちここに諸藩は政府の要請をうけて、浦上信徒にたいし預託開始時から苛酷な措置をとることを事実上不可能にさせられたのである。

迫害の実態

拷問の強調

前節でみた諸点のうち、信徒の諸藩での生活（なかでもかれらに加えられた迫害）の実態を考えるうえで、とくに重要な意味をもつのは第五である。信徒（第二次流配者）の預託先での生活については、キリスト教＝邪教・魔術といった考えが当時の社会に深く浸透していたことに加え、諸藩サイドに政府にたいする功名心があったために、苛酷を極めたとの評価が有力である。すなわち、藩によって相違はあるが、概して悲惨極まりない状態に信徒がおかれ、それが短時日に多くの死亡者を出す直接の要因となったとの評価が広く一般に受けいれられている。

その際、ひどい拷問・重労働・飢餓・劣悪な収容所の環境といったものが具体的な信徒の死亡理由としてあげられる。なかでも、拷問の占めるウェートにはかなりのものがある。

そして、このような認識は、なにもカトリック関係者にとどまるものではなく、いわば常識として、ごく一般的に認められているといってよい。たとえば、作家の若一光司氏の近作（『大阪が首都でありえた日』）には、「配流先の藩では信者たちを狭い檻のなかに閉じこめたり、激しい拷問を加えたりしたため、一八七三年（明治六年）に外国の抗議を受けてキリシタン禁制が解かれるまでに、七〇〇〜八〇〇〇人もの信者が死亡した」との記述がみられる。ここでは、明らかに拷問が信徒死亡の第一の要因とされている。

なお、こうした認識が一般に広く定着したのは、なんといっても、徳川期におこなわれたキリシタン弾圧と関係している。信徒に激しい拷問を加えて改宗をせまったのみならず、見物人に磔（はりつけ）をはじめとする残虐な刑の執行をみせることでキリスト教を根絶しようとした幕府の姿勢が、明治初年の維新政府ならびに諸藩のそれと重ねあわせて理解されている。

しかし、いうまでもなく、徳川期と明治初期とではキリスト教信者のおかれた状況には大きな相違があった。徳川期においては、倫理面でキリスト教に基礎をおく西欧社会から日本を閉鎖するためにキリスト教の抹殺がはかられたが、明治初期においては、なによりも西欧社会への接近と同化がひたすら目指された。それは、キリスト教にたいする政府の姿勢をも規定せざるをえない。

それが第五で強調したように、キリスト教信仰を禁止しながらも、政府をして諸藩へ信徒を預託するにあたって、信徒の自活保証と信徒への虐待禁止を諸藩につよく求める要請となってあらわれる。そして、こうした政府の要請は、当然のことながら諸藩が自由裁量で信徒を取り扱うことにブレーキをかけざるをえない。

むろん、政府の強い要請があったからといって、諸藩がおしなべて政府の指示を忠実にまもったわけではない。現実は、政府が日常的なレベルで諸藩にたいして、ことこまかな指示をあたえ監視の眼をひからせたわけではなかったこともあって、諸藩に信徒の処遇はほぼ全面的にまかされた。

そのため、一八七〇（明治三）年七月段階で、流配後の信徒の処遇を調査した外務省が、「あるいは鄭重に過ぎ、あるいは簡易に渉（わた）り、その適宜を失い候」（『日本外交文書』第三巻、四二一ページ）と認めざるをえなかったように、各藩バラバラの対応となった。また、政府が諸藩に実施をもとめた田畑の支給や生業への従事も、ほとんどの藩でおこなわれず、諸藩の多くは、信徒に飯米・衣服・野菜代を支給し、草鞋（わらじ）や筵（むしろ）をつくらせては賃銭を与える方途を選んだ。そのため、政府が諸外国に約束した信徒の生活の自立は達成できなかった。また、諸外国が強くもとめた家族の同居もあまり考慮されなかった。

しかし、「(各国公使と）御応接の趣意、諸藩においても相違仕らざる様」(『公文録』明治三年三月異宗徒）にとの政府の要請は、藩によって受けとめ方に違いはあったものの、それなりにつよい規制力をもったことも事実であった。

このことは、田畑の支給等にはつながらなかったものの、信徒が出産した場合や死亡した場合、あるいは信徒のなかから脱走者がでた場合、いちいち政府に届けでて指示をあおぐ藩が多かったことでも明らかである。

脱走者がでた場合

死者がでた際の特色については後述するが、脱走者がでた場合は、次のような経緯をたどった。

具体例をあげると、明治三年二月十日の暁、和歌山の那賀郡田中組西大井村で預託生活を送っていた男性信徒が脱走したが、三月十七日付で和歌山藩の公用人から弁官にたいして脱走届が出される（この間、藩としては八方手をつくして脱走者を探索したため、政府への届け出が遅れたのであろう)。と同時に、この件についての指図をもとめる同藩知事の伺も提出される。

これを受けて、政府は同藩にたいし取り締まりにあたっていた人物の名前を知らせるように命じ、取締人と番人の名前が届けられた後の五月八日、弁官は刑部省に取締人にたいする適当な処罰案を作成して上申するように通達した。その結果、五月十二日に、刑部省は太政官に取締人には謹慎十日を、番人には押込十日（ただし一〇〇日以内に脱走者を捕らえられない場合にかぎる）を適用するとの案を提示した。そして、この処分案が和歌山藩に通達され実行にうつされる。

脱走者はこの前後、同藩でもまた津藩などの諸藩でもでたが、届け出があれば、そのつど同様のケースをたどって、しかるべき処罰がその藩の番人に加えられた。

そして、この関連で改めて着目しておく必要があるのは、浦上信徒のあいつぐ脱走は、諸藩にたいする政府の要請（信徒への寛大な対応をもとめる）と密接に関連していたことである。すなわち、政府の要請もあって、ゆるやかな警備体制をしいていた諸藩サイドでは、当然のことながら警備に手抜かりが生じ、それが脱走者の続出につながったのである。

「元来右御預りの儀は、厳酷に取り扱わざるとの御趣意に付、その心得をもって取り締りさせ置き候処、前件の次第（脱走者がでたことを指す）に立ち至り深く恐れ入り奉り候」との和歌山藩公用人の釈明は、このことを端的に語っていた。

和歌山藩のケースをいますこし詳細に検討すると、同藩では、二八七名の信徒が到着した当初、信徒を和歌山城下汀丁の長覚寺と付近の寺院の二ヵ所に分けて収容し、政府の指令もあって、三ヵ月間にわたって一人男一日米五合、女米三合を支給し、改宗を促した。そして、このあと、藩内の八郡に約三五人ずつ預け、さらに信徒を預けられた各郡では、一ヵ村あるいは二、三ヵ村に一人ずつの割合で信徒を配分し、村役人がかれらの教育や取り締まりにあたった。またその一方で、村の夫役や日雇い労働に従事させた（『和歌山県史』近現代一。安藤精一「明治初年和歌山の切支丹弾圧――浦上四番崩れ――」『和歌山の研究』第四巻）。その結果、でてきた改心者にたいしては、村々への入籍を認めたうえ、田畑の小作を許すなどの特例待遇をした。

ところが、こうした藩の方策は、藩の理解では信徒に受けいれられず、「とかく頑固不屈、かつ遊惰怠慢、産業（＝生業）あい営まざる者少なからず」という状況においこまれる。新しい環境に即応するだけの余裕をもちえず、また最低限の食住を保証された以上、信徒側が藩の望むような動きをみせなかったのは当然のことであったといえよう。そして、こうしたなか、改心者から脱走者がでる。

眉毛を剃り落とす

ここに信徒対策の抜本的な見直しを迫られた藩では、次の二策のうちどちらか一つの方策を脱走防止策として採用することで事態を乗りきることを決断する。それは、信徒を長期間、番兵を置いた隔離した場所に収容するか、それとも信徒の眉毛を剃り落とすかという二者択一であった。そして、同藩は二策のうちどちらか一策の採用を指示してほしい旨政府に願いでる。

和歌山藩の要請をうけて、政府が採用したのは、後者の方策であった。そして、引きつづき、この方策で外国人にたいして差し障りがないかどうか外務省に評議を命じ、同省の決議を明治三年四月段階でもとめた。

この政府案にたいし、外務省は同意する。四月二十日付で中弁の土方久元にあてた寺島外務大輔の返翰によると、入れ墨などとは違い、すぐに元どおりの体にもどせるのでさしつかえはないと判断したすえの同意であった（『公文録』明治三年四月異宗徒）。

外務省としては、永遠に体に傷跡がのこる入れ墨刑は、とうてい外国側の承諾をえられるものではなく、そのため代案である信徒の眉毛を剃る方策（信徒の眉毛を剃ることで、信徒を一般人から識別し、脱走にそなえる）に同意せざるをえなかったのである。

そして、政府の御墨付をえた和歌山藩では、翌五月から各村に預けられている男女の信徒すべてに等しくこの方策を適用し、かれらは一〇日ごとに眉毛を剃り落とされることになった。そして、この方策は、明治四年四月二十九日に政府の命令で禁止されるまで同藩でつづけられることになった。

以上の具体例は何を意味するであろうか。それは、信徒の眉毛を剃るなどという非人道的な措置が、和歌山藩の恣意的な方針にもとづく信徒弾圧政策の一環として最初から計画され、実行にうつされたのではないということである。

和歌山藩は、かたくなに改心を拒む浦上キリシタンをもてあまし、教諭などなまぬるい対応策ではなく、より重罰を信徒に加えることを太政官にいち早く提言するほどの藩であったが、そうした藩ですら信徒にたいして自己の一存で勝手気ままな措置をとれるものではなかったことを端的に示しているといってよかろう。

ただ、そうかといって、信徒を預託された諸藩が、おしなべてすべて同じ比重で政府の要請を受けいれたかといえばそうではない。そこには藩それぞれの政府からの自立度や藩の特殊性が当然のことながら反映された。

政府への従属度がつよい藩では相対的に政府の要請を忠実に受けいれようとしたであろうし、そうではない藩は必ずしも忠実に政府の要請にそおうとはしなかったであろう。浦上信徒の預託先での待遇が千差万別であったといわれる所以（ゆえん）である。

信徒の死亡要因

つづいて、信徒の死亡要因の問題にうつろう。流配された浦上信徒が拷問をはじめとする激しい弾圧を諸藩でうけ、それが死亡者の続出につながったかどうかという問題である。

拷問による死亡者続出のイメージ

浦上信徒のなかから夥しい数の死亡者がでたことはまぎれもない事実である。そして、このことと、信徒が後年語った体験談（「旅の話」）があいまって、信徒の拷問などによる死亡者続出のイメージが形づくられたことは改めて指摘するまでもない。「旅の話」や後年信徒が記した覚書類を読むと、かれらが諸藩でうけた迫害の実態が今でも生々しく伝わってくる。それはカトリックの信者でなくても同情を禁じえないものである。

「旅の話」には、個々の藩もしくは複数の藩で、食糧不足による飢餓に悩まされたこと、寒晒（かんざら）しや鉄砲責めなどの拷問にあったこと、三尺牢や思案小屋に閉じこめられたこと、水不足や下痢に苦しめられたこと等々、信徒が諸藩で遭遇した苦しみが縷々（るる）語られている。

寒晒し・鉄砲責め

「旅の話」によると、改心をどうしても承知しない信徒にたいして、長州藩では寒晒し（寒中に信徒をさらす）や鉄砲責め（両手を背中にまわし、親指と親指をくくり、背と腕の間に木材などを突っこんで苦痛をあたえる）といった拷問が時におこなわれ、また津和野藩や松山藩、あるいは名古屋藩では三尺牢や雁木牢といった極めてせまい場所に信徒を押しこめるなどの措置がとられることがあったという。もっとも、その一方で、鹿児島・福山・郡山・伊賀上野・伊勢二本木では、逆に信徒の話では、拷問どころか、むしろ当時としてはかなりの優遇がなされたという。

信徒を優遇した藩

鹿児島では、非常に広大な廃寺に信徒を収容し、「政府の預人」としてそれ相応に待遇するなど、信徒の回想によれば、「遊んで食べさせてもらった」らしい。また、伊賀上野や伊勢二本木では、十分な食物を支給され、信徒は何の不自由もなかったというし、福山藩では食物をむやみに削るようなことはせず、男には七合ずつ、女には四合ずつの米を支給したという。

同じく、金沢藩では、広い間取りの部屋に信徒を収容し、支給される食物も当時としては悪くなかったらしい（朝夕なすの塩漬が三切れ、昼にはうすい味噌汁一杯、時にニシンの塩漬か、ブリの糠漬（ぬかづけ）がすこし付く）。また土佐藩では御用にすら呼びださず、苦しいのは食糧不足（一度分の飯がわずかに茶碗一杯）だけだったという。

これらの話は、いずれも「旅の話」中に垣間見えるものであるが、ここからは政府の要請に消極的ながらも応えようとする藩の姿勢が窺われよう。すなわち、刑罰や待遇の面では、流罪のキリシタンにたいする各藩の取り扱いぶりは、文字どおり「千差万別」であり、諸藩は一律に信徒にたいして拷問を日常的に繰りかえし、改心を迫ったわけではなかったのである。

口先の説得

「旅の話」を冷静に読めば、諸藩で多くとられたのは、改心をもとめる「口先の説得」と、説得をより効果的ならしめるための威嚇（いかく）であったことがわかる。そして、「旅の話」には、諸藩での待遇が悪かったことへの不満とならんで、改心者への猛烈な批判がすくなからずみられる。非改心者にたいする改心者の悪質な行為（意地悪）を恨みつらみをもって語るといった内容のものが結構多い。「旅の話」が諸藩での激しい弾圧にもかかわらず、いかにして信徒たちがその揺るぎない信仰心を守りえたかということを中心にすえていた以上、これは当然のことであったといえよう。

しかし、そのため、ややもすれば、どこまで意識的であったかいなかは判然としないが、信徒が諸藩でうけた弾圧をその実態よりも少し苛酷なものとして語ることになった可能性もないとはいえない。その最たるものが拷問にまつわる話である。

ここで再度確認するが、諸藩に流配中に浦上信徒のなかから多くの犠牲者がでたことは否定しようのない事実である。信徒の死亡率は、むろん藩において異なるが、それはけっして低いものではない。そして、このことが諸藩における激しい迫害の結果と受けとめられたことは先程も指摘したとおりである。

しかし、諸藩での死亡者数の多さは拷問をはじめとする激しい迫害の結果によると単純にみなせるであろうか。もちろん、諸藩で信徒に改心をせまる過程で、教諭を担当していた第一線の関係者が、時に言葉による教諭の限界を感じて、信徒にたいして苛酷な対応をしたであろうことは容易に想像しうる。その迫害の程度いかんはともかくとして、信徒に耐えがたい苦痛が加えられたことは紛れもない事実であった。

だが、政府と諸外国とのたびたびの交渉の結果かわされた公式の約束（預託された信徒にたいして寛大な処遇をおこなう）に規定されて、たとえ諸藩が信徒らにいかに厳しい処罰をなそうとしても、それが実際のところ実施不可能な思いであったことも事実であった。諸藩は、政府から信徒の改宗をつよく求められたが、それはどんな手段を使ってでもというわけではなかったし、時にいわゆる拷問を加えることはありえても、すくなくともそれが信徒を死に追いやるようなことは政府によって断固として拒否されていた。

死者がでた際の特色

このことは、死者がでた際、多くの藩がそれが拷問による死ではなく病死によるものであることを半ば義務として政府や長崎県に報告していたことでも明らかである。たとえば明治三年段階で、わかっているだけでも、津・広島・岡山・鳥取などの諸藩が、死者がでた際、死体の見分をおこなったが病死に間違いない旨の届け出を政府や長崎県にたいしておこなっている。

松江藩にいたっては、尾道で受けとった直後に死亡した女性信徒二名の死亡（病死）を届け出る際、医師の死亡診断書を添えて長崎県へ提出している。

また、政府や長崎県に対してのみならず、このこと（病死かどうか）は藩内でも重視された。たとえば山口藩などの場合は、明治三年七月までは、病死者がでた場合、信徒の世話を焼いていた「異宗門人民御預り所」から藩庁要路へ、神葬にするか仮埋葬にするかをいちいち伺い、そのうえで浜崎部署へ掛けあっていたが、これではあまりに時間が経過し死体の腐敗がすすむとして、以後、病死に間違いのない場合は、すぐに浜崎部署へ通知して神葬（改心者の場合）か仮埋葬（非改心者の場合）を済ませ、そのあと藩庁要路に届けでるようにしたい旨を願い出て、翌八月藩の許可をえている（「異宗徒御預一件（自慶応四年至明治六年）」一二）。

これらの事実は、政府から信徒への寛大な対応を求められていた諸藩にあっては、病死以外の死は絶対に認められてはいなかったことをしめしている。

したがって、諸藩における死亡者数の多さは、寒晒しや鉄砲責めなどの拷問の結果であるはずはなかった（もちろん諸藩にあって、病死として秘かに処理されたいわゆる不審死は当然あったであろうが、それがすくなくとも多数を占めるはずはなかった）。

この点を確認したうえで、次にさらに検討したいのは、キリシタンにたいする処遇が非常に苛酷であったために死者が多くでたとする先程から問題にしている見解である。

死亡要因は拷問か？

その代表的な論者で、浦上キリシタン流配事件研究の最高権威でもあった故片岡弥吉氏の論考を俎上にのぼすと、氏は、諸藩に預けられた信徒の名簿である『異宗門徒人員帳』の分析（死亡時の年齢と人数、年度別死亡者数、改心・非改心者の死亡者数）を通して、次のような結論に達した。

『異宗門徒人員帳』の分析

それは、①壮年者に死亡者が多い、②明治三年に集中して死亡者がでている、③改心者に比べて非改心者の死亡者数が圧倒的に多い、ことをもって、キリシタンへの「苛酷な拷問」が死亡者の増大につながったとするものであった。

しかし、誰がみても、一見疑問の余地がないようにみえるこの見解ははたして正鵠（せいこく）をえたものであろうか。わたくしはその論証の仕方につ

わたくしの疑問

よい疑問をおぼえる。

その第一は、氏は、〇歳、一～二歳、三～一〇歳、一〇～二〇歳、二〇～五〇歳、五〇～六〇歳、六〇歳以上というかたちで死亡者の年齢層を区切り、二〇～五〇歳の壮年者に男女とも死亡者が多い事実を浮かびあがらせたが、これははなはだおかしな区切り方ではないかとおもわれる。

わたくしには、一〇歳以下をなぜ〇歳、一～二歳、三～一〇歳の三つにわざわざ区分するのか、また五〇歳以上の高齢者を五〇～六〇歳、六〇歳以上の二つに区分するのか、その理由が理解しがたい。なぜなら、このような区分の仕方では、圧倒的に年齢層の幅が広い二〇～五〇歳の死亡者数がほかの年齢層の死亡者数に比べて多くなり、あたかも壮年者に集中して苛酷な対応がなされたとの印象が残るのは当然のことだからである。

二〇～五〇歳を壮年者として一まとめにするならば、〇歳児からせめて一〇歳児までは乳幼児・小児として、また五〇歳以上は当時の平均寿命を考慮して高齢者としてやはり一括し、壮年者と対置させるべきであろう。そして、それら乳幼児・小児および高齢者との

比較において、壮年者の死亡者数のもつ意味を検討する必要があるかとおもう。

そして、このような見地からいま一度、氏の表を分類しなおすと、乳幼児・小児（〇歳～一〇歳）の死亡者数は男で四九名・女で五五名、高齢者（五〇歳以上）の死亡者数は男女とも五四名となり、氏のあげる壮年者（二〇～五〇歳）の死亡者数〔男四八名・女四七名〕を双方ともむしろ上まわる結果となる。

ただ、ここには一〇～二〇歳の年齢層の死亡者数がふくまれてはいない（これはこの年代層を弱年者と壮年者のどちらにふくむか判断しかねるためである）が、もし仮にこれを壮年者のなかにふくみ、その死亡者数を壮年者のそれに加算しても、男六〇名、女五九名となり、乳幼児・小児、および高齢者の死亡者数とそうたいして変わるわけではない。

したがって、いずれの統計法をとってみても、壮年者の死亡者数がほかの年齢層に比べてとくに多く、この年代層に集中して激しい迫害が加えられ、それが死亡者数の多さにつながったとは簡単にはみなしがたい。

もっとも、乳幼児・小児、高齢者と比べて本来頑健なはずの壮年者に相当数の死亡者がでたことは確かな事実であり、これはこれで慎重な評価をくだす必要があるが、すくなくとも、壮年者の死亡者数がほかの年代層に比べて多かったとはいえない。

年度別死亡者数

また、年度別死亡者数の問題であるが、氏は明治元年に二名、明治二年に九名、明治三年に二八八名、明治四年に三三名の死亡者がでた（すなわち明治三年に集中的に死亡者がでた）ことをもって、明治三年に信徒にたいし、諸藩で苛酷な処遇がなされた結果とみたが、これまた、慎重な検討が必要かとおもわれる。死亡者数が明治元年、二年ではなく、三年以降に集中するのは当然のことであったからである。慶応四（明治元）年に山口・津和野・福山の三藩に預託された信徒数はわずか一一四名を数えたにすぎなかったし、第二次流配者が諸藩に預託されたのは明治二年もおしつまった十二月以降のことであったからである。

したがって、問題は、明治四年ではなく、明治三年になぜ多くの死亡者がでたのかということになる（明治五年には改心者が、また翌明治六年には非改心者がそれぞれ帰郷を許されているので、ここに問題とすべきは、明治三年、四年両年の死亡者数である）。

その際、留意しなければならないのは、実際に信徒がその藩に預託された日時からいつまでの時点に死亡者が集中してでたかということである。諸藩に信徒が実際に預託された日時は必ずしも一律ではなく、さらに同じ藩に預託された場合でも前後二回に分割されて違った日時に預託されるかたちを一般的にはとったからである。

そこで作成したのが表2である。諸藩に預託された信徒の人名が一二藩分残されている『異宗門徒人員帳』のなかから、名古屋、津、和歌山、岡山、広島、鳥取、松江、津和野、山口の九藩分を抜きだし、信徒の預託された時期と死亡時、死亡時の年齢、その改心者・非改心者の別を分析すると表2のような結果となる。この九藩はべつに意図するところがあって、任意取りあげた藩ではなく、あまりに死亡者のサンプル数がすくないと分析の対象とはなりえないが、この九藩に限ってはそうした心配もないので選択した藩である。

表2を一見してすぐにわかることは、和歌山・岡山・津和野の三藩をのぞいて、ほかの六藩はすべて、信徒を藩内に受けいれてから半年以内での信徒の死亡率が、その後の半年間に比べて高いかもしくは同数であることである（和歌山藩と津和野藩の場合は、それがもう半年後に、岡山藩の場合はさらにその半年後にずれこむ）。

長い船旅や環境の変化

このことは、重要な暗示をわれわれにあたえてくれるようにおもわれる。それは、この間にそれら諸藩すべてで政府の指令にもかかわらず、拷問をともなう猛烈な迫害が信徒に加えられた可能性をなしとはしないものの、信徒の主たる死亡要因はほかに求められるのではないかということである。すなわち、藩地に到着してからの半年間というものは、当然のことながら、信徒は長崎からの長い船旅

心者の別

岡　山	広　島	鳥　取	松　江	津和野	山　口	合計人数
明治2年12月	明治2年12月～明治3年1月	明治2年12月～明治3年1月	明治2年12月～明治3年1月	明治元年6月・明治3年1月	明治元年4月・明治3年4月	
				1人	1人	2人
				2人	2人	4人
				0人	0人	2人
3人	17人	16人	4人	8人	15人	122人
3人	15人	9人	0人	18人	6人	146人
6人	0人	4人	4人	5人	4人	39人
3人	8人	6人	2人	5人	9人	99人
8人	11人	9人	2人	17人	9人	108人
1人	13人	14人	4人	12人	10人	108人
0人	不明	8人	2人	1人	4人	51人
2人	不明	12人	3人	1人	1人	59人
6人	不明	3人	3人	21人	9人	94人
4人	不明	6人	0人	11人	13人	76人

表2　信徒の預託時，死亡時，死亡時の年齢，改心者・非改

藩　名	名古屋	津*	和歌山
①　預託時	明治2年12月～明治3年2月	明治2年12月～明治3年1月	明治2年12月～明治3年1月
②　死亡時			
慶応4年8月～明治元年12月			
明治2年1月～明治2年6月			
明治2年7月～明治2年12月			2人
明治3年1月～明治3年6月	50人	7人	2人
明治3年7月～明治3年12月	8人	7人	80人
明治4年1月～明治4年3・4・5・6月	7人	0人	9人
③　死亡時の年齢			
0～9歳	33人	7人	26人
10～49歳	13人	5人	34人
50歳以上	19人	2人	33人
④　改心者・非改心者の別			
改心者で男	18人	0人	18人
改心者で女	24人	0人	16人
非改心者で男	16人	7人	29人
非改心者で女	7人	5人	30人

注　＊不明男2人。

を中心とする道中の疲れがとれず、また藩地に到着してからの新しい生活環境（それには気候の違いも当然ふくまれる）や食生活の変化に戸惑いをおぼえ、それに苦しめられていたはずの段階であった。

こうしたことを考えると、信徒が諸藩に到着後、半年になるかならないかの短期間に多く死亡したという事実は、預託先の諸藩への慣れない船旅（なかでも船酔い）や預託先での環境の変化といったものに信徒が悩まされ、ついていけなかったことが諸藩において多数の死亡者がでた最大の要因であったことを窺わせる。現に船酔いに大いに苦しめられたとの体験談は、「旅の話」のなかにも何ヵ所かみられる。また、温かい南国育ちの信徒が、急に寒国に移ったために、気候に適応できず、死者がでたとみなした政府役人の報告もある（『日本外交文書』第四巻、七四二～七四四ページ）。

そして、こうした観点に立つと、あらためて体力のよわい乳幼児・小児や高齢者に犠牲者が多くでたのもまことに無理からぬことであったことが理解できる。いま仮に、五〇歳以上を高齢者、一〇～四九歳を壮年者、九歳以下を乳幼児・小児とすれば、岡山藩をのぞく八藩では、いずれもこれら乳幼児・小児と高齢者を合わせた死亡者数が壮年者のそれを圧倒しているか、もしくは同数であることがわかる。

その反面、壮年者の死亡者数が、乳幼児・小児、高齢者のそれをいずれも上まわっているのは和歌山、岡山、津和野の三藩であることもわかる。

このことは、長い船旅や環境の変化にこれら弱者がことのほか打撃をうけたであろうことを物語っていよう。そして、一般的にいって、拷問を中心とする激しい弾圧が乳幼児・小児や高齢者に対して加えられることが少ない（むろんこれは、壮年者に対してよりもという意味でである）ことを考えれば、これら弱者の死亡者数の多さは激しい迫害の結果によるとはみなしがたいのである。

なお、この点と関連するやや特殊なケースとして、山口藩の場合をつけ加えておく。

山口藩の場合

同藩の場合、浦上信徒のあらたな預託につよい難色をしめし、また明治二年のすえに脱隊騒動（兵制改革に端を発する長州藩諸隊の反乱）が発生したこともあって、ほんらい山口藩に預託されるはずの信徒が途上の福岡藩に長期逗留を余儀なくされる事態がおこる。

そのため、まったくの厄介者を抱えこむことになった福岡藩関係者によって、信徒がひどい待遇をうけることになった。そして、山口藩関係者がようやくかれらを福岡藩から受けとったのは、長崎を信徒が出発して四ヵ月余りを経過した明治三年四月のことであった。

そして、表2からも明らかなように明治三年四月から同年六月までの二ヵ月になるかならぬかの間に一五名が、つづいて同年七月から十二月までの半年間に六名が死亡する。

そして、ここにさらに注目すべきは、明治三年六月までに亡くなった一五名の死亡者のうち、実に八〇%をしめる一二名が福岡滞在中にすでに病気にかかっていた者であったことである。これは、福岡藩が山口藩関係者に信徒を引きわたす時点で病気であると認めた者であった。山口藩に関しては、信徒が預託された諸藩のなかで、もっとも取り扱いのひどかった藩との評価があるが（片岡弥吉『浦上四番崩れ』二〇四ページ）、同藩の場合、こういった病弱な者をはじめから抱えこんでいたのである。したがって、同藩の死亡者数を考える場合、この点を割りびいて考えねばならないであろう。

和歌山・岡山・津和野藩の場合

また、和歌山・岡山・津和野の三藩で壮年者中に多くの死亡者がでた要因であるが、津和野藩の場合は、同藩出身の福羽美静（ふくばびせい）が神祇官の実権をにぎり信徒の改宗に熱心であったことなどからくる、藩をあげての教諭体制の苛酷さによる可能性が否定できない。つまり同藩では氷責めや三尺牢への投獄などの拷問をふくむ迫害が、非改心者にたいして加えられ、それが死亡者の続出につながった可能性がある。

いっぽう、和歌山藩の場合であるが、同藩の場合は、明治三年六月に藩内各地に分散させられていたキリシタンを藩の馬小屋（現和歌山市元寺町五丁目付近）に集め、やがて日方（現海南市）の塩浜工事に使用したことがまず第一に要因としてあげられる。そのほか、水不足や洪水後の熱病の流行なども候補としてあげられるであろう。

また、岡山藩の場合は、粗食と減食に加えて、預託開始時からずいぶん時日が経過した時点（信徒の体験談では一〇ヵ月目の明治三年九月）で始まった、周囲二㸚の無人島（和気郡日生村（現日生町）の鶴島）での開墾が、信徒を預かって半年もしくは一年以上も経過した時点で多数の死亡者をだした要因と考えられる。

改心者と非改心者の死亡率

最後に、改心者と非改心者の死亡者数に関する片岡説（非改心者にたいして激しい弾圧が加えられ、それが死亡者数の増大につながった）であるが、これは前二者に比べればはるかに妥当性をもつようにおもわれる。ただ改心した信徒の死亡者数一〇四名と非改心のまま死亡した信徒の死亡者数一九五名を比べて、非改心者の死亡者数が圧倒的に多いと簡単に即断をくだすのはいかがなものであろうか。これは預託信徒全体のなかに占める改心者・非改心者それぞれの総数と比較したうえでの慎重な判断が求められる。

表3　改心者・非改心者の男女別死亡率

	名古屋藩			津　藩		
	人数	死亡者数	死亡率(%)	人数	死亡者数	死亡率(%)
改心者で男	100＋18	18	15.3	12＋0	0	0
改心者で女	103＋24	24	18.9	10＋0	0	0
非改心者で男	47＋16	16	25.4	62＋7	7	10.1
非改心者で女	67＋7	7	9.5	62＋5	5	7.5

	和歌山藩			岡山藩		
	人数	死亡者数	死亡率(%)	人数	死亡者数	死亡率(%)
改心者で男	76＋18	18	19.1	27＋0	0	0
改心者で女	59＋16	16	21.3	31＋2	2	6.6
非改心者で男	20＋29	29	59.2	19＋6	6	24
非改心者で女	35＋30	30	46.2	29＋4	4	12.1

	鳥取藩			松江藩		
	人数	死亡者数	死亡率(%)	人数	死亡者数	死亡率(%)
改心者で男	39＋8	8	17	40＋2	2	4.8
改心者で女	22＋12	12	35.3	43＋3	3	6.5
非改心者で男	31＋3	3	8.8	0＋3	3	100
非改心者で女	48＋6	6	11.1	0＋0	0	0

	津和野藩			山口藩		
	人数	死亡者数	死亡率(%)	人数	死亡者数	死亡率(%)
改心者で男	37＋1	1	2.6	114＋4	4	3.4
改心者で女	43＋1	1	2.3	43＋1	1	2.3
非改心者で男	23＋21	21	47.7	45＋9	9	16.7
非改心者で女	19＋11	11	36.7	95＋13	13	12

そこで新たに作成したのが表3である。これは『異宗門徒人員帳』に記載されている改心者と非改心者のそれぞれ男女数に死亡した信徒数を加えたものを母数とし、死亡率をはじきだしたものである。改心・非改心に関する各藩の判定にどの程度信頼がおけるか心もとないが、ほかに依拠する材料もないので、一応これを正確なものとして算出した。

では、この表3からいったいどういうことが読みとれるか。第一に読みとれるのは、八藩中、五藩で非改心者の死亡率が男女とも改心者のそれを上まわることである（二藩は、男女のいずれかが改心者のそれを上まわる）。なかでも、和歌山・津和野両藩の非改心者の死亡率が男女とも目立って高い。逆にその反対は鳥取藩である。同藩の場合は、改心者の死亡率の方がむしろ非改心者のそれを男女とも上まわる結果となっている。

つづいて読みとれるのは、和歌山・岡山・津和野の三藩をのぞけば、改心者と非改心者に驚くほどの死亡率の違いはみられないことである。

これらの諸事実は、和歌山・岡山・津和野の三藩で非改心者にたいして苛酷な処遇がなされたこと、それに比して、他の五藩では信徒の改心にそれほど熱心ではなく、それが非改心者の死亡率を目立って高いものとはしなかったことを物語っていよう。事実、「旅の話」を読んでも、ただ口先だけの説得で暴力的な行為はまったくなかった津藩は別として、松江藩などは神官も僧侶もほとんど説教はせず、藩の役人のみが教諭を担当したというし、鳥取藩でも毎日御用に呼びだしたものの、津藩と同様に体刑はなかったらしい。

改心者への優遇措置

なお、特定の藩をのぞく他の諸藩でも、概して非改心者の死亡率が改心者のそれに比べて高くなった要因だが、これはおそらく改心者と非改心者の待遇の差にもとづくとおもわれる。大多数の藩では、改心者と非改心者とで、米の支給量、外出の諾否、収容場所の良悪など、待遇に差をもうけており、それが改心者よりも非改心者の死亡率を高くさせる一因となったと推測される。

たとえば、改心者にたいして、大聖寺藩では白米の増量と野菜代・小遣銭の支給が、金沢藩では食事時の一菜多い支給が、松江藩では「折々塩魚の類」の支給が、また広島藩では門外への出入りの許可がなされたが、このような優遇策が、総体として改心者の死亡率と非改心者のそれを異なるものにしたことは否めない。

また、信徒の生活において、意外に大きな意味をもったのは、食事の質量もさることながら、信徒に自炊を許すか否かの違いであった。山口藩などでは非改心者には藩で用意した食物を支給し、改心者には自炊を許したが、自炊を許されると、自分たちの好みで料理をある程度つくることができ、満足度に大きな違いが生じた。これはストレスの多寡にもつながった点で改心者と非改心者の死亡率にも影響したとおもわれる。

以上、片岡説の検討を通して、諸藩に流配された浦上信徒の死亡要因の問題をみたが、最後に、長旅による疲労や生活環境の変化以外の死亡要因について、若干補説しておきたい。この候補としては、栄養のアンバランス、衛生面での手落ち、疱瘡（ほうそう）や赤痢・チブス・はしかといった伝染病の発生がやはり挙げられるかとおもう。

信徒の食事内容

まず信徒の栄養問題であるが、いうまでもなく当時にあっては、信徒の食生活の中心は米食もしくは麦食であった。そして、この点に関して、まず最初に確認しておかねばならないのは、後代のわれわれに比べて、かれら信徒が主食にのみ依存した生活をおくり、それだけ主食にかかるウェートが大きかったことである。そのため、米麦の供給量が減ると、信徒はすぐに飢餓を訴え、またそれが彼らの棄教理由ともなった。

極端な例をあげると、岡山藩に預けられた「血気盛り」の女性信徒などは、一日計四合の半麦飯（米と麦の混ざったもの）を支給されたが、一回に茶碗二杯くらいの半麦飯では満足感がえられないとして、一度に三回分を食したという。いっぽう、副食であるが、これは、だいたいどの藩も漬物に味噌汁程度だったらしい。たとえば、福山藩では、信徒の話では、梅干・生大根の漬物といったもの以外、一五日に一度味噌汁が支給されたらしい。同じく、食物が悪くなかったとされる金沢藩では、前述のように、朝夕なすの塩漬が三切れ、昼にうすい味噌汁が一杯、時にニシンの塩漬かブリの糠漬がつく程度であったらしい。これは藩側の史料でも同様である。富山藩では、漬物と味噌汁以外、一〇日に一度くらいの割で肴が支給され、松江藩では毎日「一度は粥、二度は飯に野菜一種」があたえられたという。

以上の数藩の例で諸藩に預託された信徒たちがあたえられた食事内容もほぼ推測できるが、共通していえることは、現代人からすれば、極度に栄養のバランスが悪く、これでは信徒たちは十分な栄養分が摂れなかったであろうということである。

もっとも、こういった文字どおりの粗食は、明治初年にあっては、なにも預託信徒にかぎらず、庶民の間ではごく一般的にみられた食事内容であったとおもわれるが、いずれにせよ、信徒にとってこれはとうてい望ましい食事内容ではなかった。そして、これが信徒をして死においやる要因のひとつとなったことは間違いない。

衛生面での手落ち

最後に衛生面での手落ちとの関連であるが、これも存外死亡者数の増加につながったと想像される。信徒たちが収容された場所あるいは一人当たりの居住面積や住み心地はむろん藩によって千差万別であったが、概して信徒は居住条件の悪さからくる諸々の難題に大いに苦しめられたようである。

信徒が収容された場所は手狭なところが多く、そのためまず暑気や臭気に苦しめられたらしい。また室内が不衛生なため蚤（のみ）や虱（しらみ）の発生にも苦しめられたという。その他、広島では、収容場所の窓が少なく換気が悪かったというし、土佐では、やぶ蚊に悩まされ、その対策として格子を残らず紙張りにした結果、今度は逆に空気の流れが悪くなり、そのため体調をこわす者や死者がでたことが信徒の証言でも明らかである。

また、一般的にいって、どうやら信徒は入浴する機会があまりあたえられなかったらしい（たとえば、大聖寺では月に二、三度くらいの入浴回数であったという）。こうしたことを考えれば、衛生面での処遇（入浴の機会も多くなく、清潔で快適な状態を保てなかった）が疱瘡・赤痢・チブス・はしかなどの流行病の発生とあいまって、多数の死亡者を諸藩で続出させた要因のひとつとなったであろうことがほぼ確実に推測できる。

『長門公教史』にたいする疑問

なお、しつこくなるが、信徒の死亡要因との関連で、わたくしが山口藩のケースを調べていた際に知りえた事柄を以下に記す。

岩永源次郎の体験談

信徒の処遇に関しては、信徒が預託された諸藩のなかで、もっとも取り扱いのひどかったのが山口藩であったとする評価のあることは上述した。そして、これは山口藩において、鉄砲責めや寒晒し、あるいは女性への性的暴行といったいわゆる拷問が信徒に加えられたとされていることと密接に関係している。

そして、このような拷問話が事実として語り継がれ、山口藩の信徒処遇にたいする評価が確定する直接のきっかけを作ったのが、一九一八（大正七）年に出版された『長門公教史』に収録されている岩永源次郎なる人物（のちの岩永正象神父）の体験談と、萩での生活について信徒が具体的に語った「旅の話」である。

後者の「旅の話」には計五名の信徒（男女）が萩で寒晒しと鉄砲責め（ただし女性への性的暴行の記述はない）にあった話が載せられており、これを読むとたしかに他藩に比べて苛酷な処遇が萩で信徒にたいしてなされたとの印象をうける。

また、福羽美静とともに神祇行政の実権を握ったのが、山口藩出身の小野述信であったことを考えれば、津和野・山口両藩でキリシタンの処遇が他藩に比べて相対的に苛酷なものとなった可能性は十分にある。

このことを認めたうえで、ここで問題にしたいのは、今となっては厳密な意味で真偽のほどを確かめようのない「旅の話」ではなく、前者の岩永源次郎の体験談である。

『長門公教史』によると、浦上の平に生まれ、のちに神父となった岩永が、萩に流配された少年時の「記憶」と「共に拘禁された人々から聞いた事を輯めて一冊の記録を編」み、それを加古義一が読んで書かれたのが同書であった。そして、この岩永の記録とフランス人のビリヨン神父から加古が聴いた憶い出話が、『長門公教史』に載せられている萩での信徒の生活話の大きな柱となっている。

そして、この岩永の記録のなかで、山口藩では、小役人や神主などが信徒を苦しめるために、鉄砲責めや寒晒し、あるいは女性への性的暴行という「三（つ）の方法」を採ったこと、しかし、そのような拷問をともなう弾圧にも屈せず、信徒が信仰を貫きとおしたことが強調されている。それ故、この岩永の記録が信徒が預託された諸藩のなかでもっとも苛酷な処遇が山口藩でなされたとする先程の評価に直線的につながっていることは改めて指摘するまでもない。

「異宗門徒人員帳」の記載

ところが、その後わたくしは関連史料を読みすすめるうちに、『長門公教史』のなかでもとくに岩永の記録部分につよい疑問を感じるようになった。そこで以下岩永の記録にたいする疑問点を記すことにする。

まず当の岩永本人のことからみるが、『浦上切支丹史』には、かれのことが岩永源次郎、一一歳、母は辻（本原）のサナ、父は藤十と記されている。ところが、これを「異宗門徒人員帳」の山口藩の該当箇所と比較対照すると、まことに興味深い事実が判明する。すなわち、「異宗門徒人員帳」には、次のようにかれの一家のことが記されているのである。

未五拾弐歳　家頭　改心　藤十
未四拾五歳　妻　不改心　さな

未弐拾三歳　居所不知　伜　　源太郎
未弐拾歳　　　二男　不改心　惣右衛門
未拾弐歳　　　娘　不改心　さの

これは、明治四年五月段階で作成された、萩に当時抑留されていた信徒全員の名簿中の一部分であるが、ここではかれの名前は源次郎ではなくて源太郎となっている。また、年齢は二三歳となっており、一一歳という『浦上切支丹史』の記述とは合わない。しかし、両親の名前からいって源太郎が源次郎、すなわち後年の神父岩永正象なる人物を指していることは間違いない。

ところで、この岩永の家族に関する記載で、問題となるのは、源太郎のところに「居所不知」と記入されていることである。わたくしは、はじめ、この「居所不知」というのが具体的にはどういうことを指すのかハッキリとはわからなかった。しかし、その後、「異宗門徒人員帳」に記載されている人物の総数から「居所不知」と記された人物の数を引けば、山口藩に流配となった信徒の総数と一致することをみいだした。それで、これが浦上信徒が明治二年すえに長崎を出発する時点、もしくはそれ以前に行方不明になった者を指すことがようやくわかった。

岩永は萩に来ていない

ということは、父・母・弟・妹は萩に流配となったものの、源太郎本人は萩には実際は来てはいないことになる。このことは、明治六年四月、信徒の解放にあたって、山口県権令中野梧一と山口県七等出仕木梨信一両名の名前でもって政府に提出された公式記録に載っている信徒名中に、家頭（世帯主）の藤十、妻のさな、二男の惣右衛門、娘のさのの四名のみが記され、源太郎の名前がまったく見当たらないこととも符合する。

実は、当初わたくしは、ここまではすんなりと解明でき、その結果、次のような結論に達した。それは、岩永が萩に流配された痕跡がない以上、かれの記録を全面的に信用するわけにはいかないこと、しかしそうだからといって、かれの語った話がまったくの作り話であったとまでは断言しえないということである。後年のかれの話は、おそらく、両親や弟妹から繰り返し繰り返し聴かされたであろう萩での体験談が中心となっていたに違いなく、その限りではまったくの嘘話ではありえなかったからである。

三次郎なる人物

だが、その後、流配事件のそもそものきっかけをつくったプチジャン神父の書簡集を長崎で見る機会があり、その際、明治二十年に司祭に叙階された岩永信平神父なる人物がいたことを知った。そして、かれが山里本原郷字（あざ）平の又市の三男又右衛門（別名三次郎）であり、第二次流配者の一員として津和野藩に預託されたことも知った。そこで改めて、「異宗門徒人員帳」の津和野藩の部を調べると、かれの一家に関する次のような記載があった。

庚午四十七歳（十月十六日死去）家頭　不改心　又市
庚午四十五歳（閏十月十日死去）妻　不改心　すき
辛未三十三歳（長州行）　伜　　市松
辛未二十九歳　二男　不改心　友吉
辛未　十六歳　三男　　改心　三次郎
辛未二十六歳　娘　不改心　とね
辛未二十四歳　娘　不改心　すえ
辛未　　六歳　娘　不改心　もり
辛未　　九歳　市松娘　不改心　むら

これによると、三男の三次郎のみがただ一人改心していること、長州藩に流配となった長兄をのぞく家族全員がいずれも津和野藩に預託されたことが一目瞭然である。

したがって、後年神父となった岩永信平が萩に預託された可能性はゼロであるが、わたくしは、『長門公教史』と『浦上切支丹史』に記された岩永源次郎なる人物が、源太郎つまり岩永正象ではなく、この三次郎のことを指す可能性はすくなからずあるようにおもう。浦上の平生まれであること、辛未の年（明治四年）に一六歳であり『浦上切支丹史』に記載されている一一歳という年齢に近いことなどが、そのように考える理由である。また、かれの長兄が長州藩に預託されたことは、三次郎が長州藩内の事情にも当然解放後つうじるようになったであろうという点でこの際無視できない。

もちろん、これはあくまで憶測にすぎないが、もし三次郎が岩永源次郎その人を指すとすれば、当然のことながら、『長門公教史』に記載されている萩でおこなわれたとされる拷問についても若干再検討を加える余地が残されよう。

何度も強調するが、萩で鉄砲責め・寒晒し・女性への性的暴行といった拷問が信徒にたいして加えられたとの証言（なかでも女性への性的暴行話）は、岩永源次郎なる人物のそれに大きく依拠しているからである。

なお、推測のついでに書けば、わたくしは、岩永源次郎なる人物の拷問話は、津和野藩での話がどうしたわけか誤って萩でのそれとなった可能性もまったくないわけではないと考える。すなわち、三次郎が津和野で経験したひどい弾圧が、いつの間にか岩永源次郎なる人物が萩で少年時代に体験した話に転化された可能性もありうると想像するのである。はたしてそうだとすれば、三次郎の長兄および岩永源太郎の父母弟妹が萩に流配されていたことが話の転化を容易にしたとおもわれる。

岩永神父の改心問題

そして、ことの性格上はっきりとした根拠は示しえないが、すこしうがった見方をすれば、そうした転化がもしおこなわれ、なんらかの作為的な意図がはたらいたとすれば、それには岩永信平神父の改心問題が複雑微妙な影をおとしている可能性もないとはいえない。

一般的にいって、宗教の世界では、自らに課せられた多くの苦難にもめげず、いかにして「堅忍不抜の精神」をつらぬき、「不撓不屈（ふとうふくつ）の信仰」「盤石（ばんじゃく）の如き信仰」を守りとおしたかという信仰美談が貴ばれる。そのため、往々にして、自分のうけた弾圧の実態よりも苛酷な内容の話が語られることが多いのが人情の常である。このことはすでにふれた。萩でも弾圧（それもひどい弾圧）はむろんあったが、それが実態よりも大きければ大きいほど、そのような弾圧にもめげずに信仰を守りぬいた信徒としての立場は強化・美化され、称賛されることになる。

このことは、現に『浦上切支丹史』の著者である故浦川和三郎氏も、「旅の話」の冒頭に、「父祖の悲惨極まる殉教談は家門の光栄」と認めていた。ましてや、一信徒ならともかく、教会の中心となる神父ともなると、そのメリットは一般信徒の比ではない。

そうしたなかにあって、事情はどうであれ、津和野で家族のなかでただ一人弾圧に屈して改心した（むろん、これはあくまで津和野藩側の判断であり、事実はこれと異なる可能性もあるが）体験をもつ岩永信平神父のキャリアは、かれにとってけっして公にしたいものではなかったであろう。

また、かれの父又市は、一八五六（安政三）年に発生した浦上キリシタンの検挙事件（一般に「浦上三番崩れ」といわれる）でただ一人生き残った水方（指導的地位にあり、洗礼を授ける役目をはたす）であり、兄の友吉は、慶応三年の長崎奉行による弾圧時に投獄された経験を有した。いうなれば、浦上キリシタン社会では華々しいキャリアをもつ信仰上の勇士たちであった。こうした家庭事情も考えれば、ある意図のもとに意識的に津和野での拷問話が萩での話に転化されたとしても、不思議ではないと考える。

以上、信徒の死亡要因をめぐる問題を検討するついでに、岩永神父の証言にかかわる疑問点と、その背後に隠されていたのではないかと思われる特殊な事情を穿鑿してみたが、いずれにせよ、萩で女性への性的暴行以下の拷問が信徒にたいして加えられたという『長門公教史』の記述に全幅の信頼がおけない以上、山口藩における信徒対策の評価に関しては、いま少し慎重な姿勢が求められよう。

信徒の実際の姿が理解される

浦上信徒に加えられた迫害等についてはこれくらいにとどめて、次に信徒の預託先での生活を考えるうえで見落とすことのできない問題を、最後にひとつ振り返っておくことにする。それは、信徒の真実の姿があらわになったことである。

既述したように、キリシタンにたいする偏見がひどかった当時にあっては、信徒は預託当初は魔法をつかう妖怪といった眼でみられることが一般的であった。

ところが、長期間におよんだ預託生活は、当然のことながら、かれらがそういった類の存在ではけっしてなく、無学文盲ではあるが品行方正で、素朴かつ実直な農民や職人たちであることを周辺の人々に十分理解させることになった。

すなわち、こと信仰の一点をのぞいては、なんら問題とはならないことが知悉されるにいたった。事実、中部以西の諸藩に預託された計三五〇〇名近い信徒は、脱走した若干名をふくめ、刑法にふれるような罪を犯した者はだれ一人いなかった。

こうした信徒の実態をまず理解できたのは、いうまでもなく信徒の世話にあたった藩役人であった。たとえば、徳島藩の民政官をつとめた岩本晴文の述懐談によると、信徒と接するなかで、しだいに品行方正で正直な信徒を愛するようになり、かれらに同情を寄せるようになった藩役人が多数でてきたという。

ついで、信徒が分散して士族の家や寺院に預けられ、召使同様に働かされたり、農家へ出稼ぎにでるようになると、藩役人以外の一般住民も、かれら信徒の真実の姿を自分の眼で確かめられるようになる。たとえば、高知県では農家に働きにでた信徒が、よく仕事をし、不行跡もなく、品性が良かったのにまわりの人間が驚いたという。そして、これらはなにも特定の信徒や藩にかぎったことではなく、信徒と接した人々に広くみられた認識であったといってよかろう。

なお、「旅の話」によれば、福山藩に預けられたミトという信仰心の堅固な女性は、灸をすえることが得意で、そのため彼女のもとには灸点を乞う希望者が押しかけ、門前市をなす状況であったという。こうしたことも、キリシタンにたいする偏見を取りのぞくうえでかなりの効用を有したといえよう。

改心者の解放

帰郷問題の登場

改心者の続出　諸藩で心ならずも預託生活を送ることを余儀なくされた浦上キリシタンたちであったが、預託開始後かなり早い段階で、かれらの帰郷問題がでてくる。これには、明治三（一八七〇）年二月二十三日の各国公使との談判の席で、寺島外務大輔から改心者の浦上への帰村が約束され、このことが諸藩に通達されたことが大きくかかわった（『日本外交文書』第三巻、三九九ページ。『公文録』明治三年三月異宗徒）。

また、それとともに、諸藩で改心者が続出したことも大いに関係した。改心者の続出は、諸藩をして無視しえない財政的犠牲をしいた厄介者である浦上信徒（改心者）の国元への早期帰郷を政府に要請する動きを活発にさせたからである。

こうした要請の最初のものとしては、明治三年四月二十三日付で、改心者の長崎への帰郷を弁官にはたらきかけた岡山藩のケースがあげられるが、これにたいする政府の指令は残っていない。つづいて現存史料の範囲内でわかっているところでは、同年六月、金沢藩の公用人が、昨年預かった浦上キリシタンが浄土真宗の僧侶の教導で三一人改心したこと、かれらの改心は間違いないので、長崎に復籍させたいとの藩政府からの要望を弁官に伝えている。そして、これにたいしては、政府が拒否した記録が残されている。

鹿児島藩の申し出

また、これより後おそらく八月ごろのこととおもわれるが、鹿児島藩からもほぼ同様の要請がなされた。藩知事の派遣した使者二名（いずれも信徒の説諭にあたっていた者）が、同藩に預託されていた信徒のうち、三〇名ばかりの改心者（長崎出発時にすでに改心を表明した者）の国元への帰郷を政府に申し出る。

だが、他の諸藩とは違って、鹿児島藩の申し出は、三条や岩倉ら政府首脳にかなりの当惑をもたらすことになった。当時の薩摩藩関係者の多くは、政府の現状につよい不満を抱いており、そのため「薩が大兵を挙げて朝廷を一変する」（『大久保利通日記』第二巻、一二八ページ）といった噂が絶えなかった。こうしたなか、政府首脳としても、たとえ同藩の要求が特殊な限定されたものにとどまるとしても、むげに却下するわけにはいかなかったからである。もっとも同藩の要求にたいしては、弾正台からすぐに批判の声があがった。

そこで岩倉は、十月十日、参議の大隈重信(おおくましげのぶ)に書翰を送り、薩摩側の申し出のとおり改心者を浦上に返すように政府内で評議してほしいこと、また山口藩の要望にたいしても同様の承諾をあたえることを希望する旨をつたえた（『大隈重信関係文書』第一巻、三三一ページ）。同日やはり三条も、大久保と大隈の両参議に弾正台の反対をつっぱねることの確証をもとめた。

そして、このあと（十一日以後）岩倉は、今度は三条に書翰を送り、速やかな評決と、山口藩に預託されている改心者の帰郷の実現を、ともに望むことを伝えた（『三条家文書』国立国会図書館憲政資料室蔵）。岩倉は、弾正台の反対をあえておしとどめても、鹿児島・山口両藩の要望を受けいれることを決心したのである。

三条の提案

しかし、弾正台などの反対がことのほか強かったためか、三条はまもなく動揺をきたし、一、二年様子をみたうえで他の一般改心者とともに長崎への帰郷を認めるとの考えに変わる。そして最終的には、参議の大久保に、渡辺弾正大忠がとくと取り調べて流配した人物を改心者であることがハッキリとしないうちに長崎に返したのでは、渡辺の処分が不行届にあたることになるとし、また他藩との兼ね合いもあるので、できたら長崎地方の信徒の取り締まりが十分に行き届き、諸開港場での氏子改や戸籍調が済んだうえで帰郷を許すようにしたらどうか、との提案をおこなった。

さらに、このとき三条は、薩摩側の要求を認めない交換条件として信徒一人あたり一人扶持の支給を認める考えであることを大久保に伝えた。そして三条は、つづいて十月十六日には、鹿児島藩の使者両名をまねき、当面同藩に預託を継続して依頼すること、しかし改心者をそのまま鹿児島に置いていては、未改心者の教化に差し障りがあるというなら、それら改心者を東京に護送すれば、弾正台で調査のうえ処分すると申し聞かせた（『大久保利通関係文書』第四巻、八八～八九ページ）。

その結果、十二月中旬、同藩へ預託されていた信徒のうち四〇名前後が東京にうつされ、そのあと弾正台出張官員の手にわたされる。

また、第一次預託者全員（ただし、脱走者と病死者をのぞく）の改心が達成された明治二年六月以降、信徒の帰郷をたびたび政府に要望しつづけてきた山口藩でも、明治三年十二月、弁官にたいし、改心者の帰郷を許してほしい旨をあらためて願いでた。

こうした諸藩の要請にたいし、政府は鹿児島藩の要求を変則的なかたちで受けいれた以外は無視し、明治三年段階では改心者の帰郷を認めなかった。

政府はなぜ改心者の帰郷を認めなかったか

政府が一八七〇（明治三）年段階で、改心者の帰郷を認めなかった理由は、いくつか考えられる。

受けいれ体制の不備

第一は、諸外国に改心者の浦上への帰村を約束はしたものの、帰村後の受けいれ体制が明治三年段階では、きちんと整備できなかったことである。政府および長崎では、信徒とその家族を諸藩に送り出した後、キリシタンの発生や増加を防止するための措置が一応かたちのうえでは講じられた。まず明治三年一月に「大教宣布の詔」がだされ、天皇が国家の最高祭主であることを広く国民一般に説き、キリスト教に対抗することになった。そして、長崎から布教を開始することになり、宣教権判官の小野述信（じゅつしん）や当時権少宣教使に転出していた潮見清鞆（しおみきよとも）らが、長崎に三月下旬に派遣された。

ここに、萩において第一次流配者の改宗に取りくんだ経験をもつ両名が、キリシタンの拠点である長崎で、今度は維新政府の先頭にたってキリスト教にあたることになった。

かれらは、その後、当初の予定では約一ヵ月にわたって長崎に滞留し布教活動に従事するはずであったが、小野の長崎滞留は当初の予定よりも大幅にのびた。小野の在崎が長期間にわたったのは、当初のプランとは相違して、長崎での布教が難航したためであった。小野らは人々の生誕時と死亡時に、それぞれ氏子改と神葬祭を実施することで人々と神々とを結びつけ、それによってキリスト教を排斥しようとしたが、結局、長崎とその周辺で一般大衆に「大教」なるものを示諭するにとどまった。

こうした長崎（とくに浦上）での改心者受けいれ体制の整備のおくれ（あるいは失敗）が、改心者の帰郷を明治三年段階で不可能にさせたと考えられる。

弾正台の反対

第二は、宣教使を先頭におしたてて浦上キリシタンの説諭と改宗をはかるという太政官の基本方針に、弾正台が異をとなえ、政府が統一した信徒対策をすんなりと打ちだせなかったことである。

明治三年五月二十日、太政官は各省などへキリシタン対策を下問したが、これにたいし弾正台は、「浦上耶蘇徒の儀、諸藩へ分配成し置かれ候ては、不日に闔藩（＝すべての藩）に蔓延するの患（＝憂い）差し見得、他日宣教使の説諭を待つの類にては、恐らくは迂遠にして事機を誤るに至らん」と、流配策そのもの、ならびに当時宣教使が推進しようとしていた教諭体制づくりに痛烈な批判をあびせた。

そして、弾正台はこのような批判をしたうえで、真宗僧侶の力をかりて浦上キリシタンの説諭と改宗にあたれとする代案を提示した（『公文録』明治三年五月異宗徒）。

これにたいし外務省は、説諭がうまくいくかどうか心もとないが説諭以外に方法はないと弾正台の提案に反対の意を表明した。

結局、有効な手だてが考えられないまま外務省の意見が採用され、キリシタンの監視を強めるいっぽうで、宣教使による教諭をおこなう方針が改めて確認される。しかし、このような方針の確立も、政府内の根強い宣教使設置反対論と、府藩県の宣教掛選出への非協力によって失敗におわる。こうした政府内の宣教政策をめぐる対立が、明治三年段階での改心者の帰郷を押しとどめたと推測される。

第三は、明治三年段階では、キリスト教に敵意をいだく神祇官僚や復古神道家の勢力がつよく、かれらの推し進める観念的な宣教政策（キリスト教の排斥をひたすら図る）にたいする批判が政府内で大きかったものの、政府の宣教政策を結局は牛耳(ぎゅうじ)ったことである。そのため、横浜以下の諸港や北海道でのキリスト教徒の増加に神経をとがらせていたかれらの存在が、明治三年段階での改心者の帰郷をはばんだものと考えられる。

第四は、明治三年段階では、諸藩に預託された浦上キリシタンを早急に解放しなければならないほど、諸外国の圧力は強くなかったことである。アメリカの駐日弁理公使のデ・ロングが、六月段階で流配事件に抗議するアメリカの宗教団体の決議を外務卿に伝えたり、あるいはイギリス公使のパークスなどから、八月段階で信徒の取り扱いがひどいと噂されていた諸藩へ実情調査にでかけたいとの希望がだされたりしたが、それらはいずれも散発的なものにとどまった。すなわち、明治三年春以降、流配そのものの是非をめぐって、欧米諸国と日本政府首脳の間に厳しい緊張関係が生じることはなかった。このことは、当時の政府高官の日記ひとつとってみてもいえる。

外務省の認識

以上の四点が、改心者の帰郷をもとめる諸藩の要請を、明治三年段階で政府が却下した主要な理由であったと考えられるが、もっとも、そうはいっても、政府がこの問題に関して終始一貫してゆるぎない態度でのぞんだとはいいがたい。政府内に動揺をきたす要因があったからである。

明治三年五月段階で、外務省は、前年のスエズ運河の開通やシベリア地方の電化といった世界の趨勢のなかで、従来のようなキリスト教禁止政策をとりつづけることへの疑問を太政官にたいして表明した。これは同省が、この年、積極的にとりくむことになった条約改正にむけての準備と関係があるものとおもわれる。なぜなら各国との条約改正交渉では、当然キリスト教の解禁問題が話しあわれることが予想されたからである。

そして、こうした背景があったからであろう。外務省は、つづいて七月、浦上キリシタンの処遇が各藩でマチマチであるのは良くないので、統一した信徒処遇策を確立する必要があるとして、神祇官と刑部省に、同省が作成した信徒処遇案を提示した。これは信徒を隔日に入湯させたり、一家族を一部屋にまとめて住まわせるなど、かなり信徒に好意的な案であった（『日本外交文書』第三巻、一九二・四二一〜四二三ページ）。

こうした外務省の動きは、明らかに太政官がこれまで採りつづけてきた流配策、ひいては改心者の帰郷阻止策を大きくゆるがすものであった。

扶持米の支給問題

また、それ以上に政府を現実にゆさぶったのは、預託信徒にかかる費用の支給をめぐる、大蔵省と太政官との対立であった。

すでに記したように、第一次流配者を受けいれた山口・津和野・福山の三藩は、預託者が計一一四名と比較的小人数であったため、信徒一人につき一日五合の扶持米を政府から支給された。

しかし、三〇〇〇名をはるかに超える信徒とその家族の流配となった第二次預託では、すべての藩に扶持米を支給することはとうていおもいもよらず、どうやら前記三藩をのぞく諸藩には、当初の方針どおり、扶持米が支給されなかったらしい。山口藩以下の三藩にのみ引きつづき扶持米の支給が認められたらしいのは、三藩がほかの諸藩に比べて、石高の割に圧倒的に多くの信徒を受けいれざるをえなかったための特例措置であったとおもわれる。

だが、新政府の成立以来つづいていた深刻な財政窮乏は、政府をしてこのような特例措置の継続を困難にさせた。すなわち、政府の財政難が深刻となったため、明治三年三月十三日付で大蔵省は弁官にたいし、信徒を預託している三藩への扶持米の支給を廃止することを提言する（『公文録』明治三年三月異宗徒）。

そして、ここに注目すべきは、大蔵省が扶持米の支給を廃止する根拠を、版籍奉還がなされた以上、「右御預人は、各藩（に）おいても、土地人民とあい心得、なるたけ産業（に）取り付かせ候様、世話」するのが当然だとしたことである。ここには、すでに大蔵省サイドの一方的な解釈ではあるが、浦上信徒を預託人として捉える発想はみられない。また、信徒にたいする恐怖心も感じられない。

そして、大蔵省がこのような提案をおこなった背景には、前記三藩を中心に多くの信徒を預かった諸藩の経験が、当然のことながら反映していたと考えられる。それは、実際に信徒を預かってみて諸藩サイドが理解できたこと、つまり浦上キリシタンが、当時一般に信じられていた、魔法をつかい海のうえを飛んでいくとか、豆を宝石に変えるとかといった化け物的存在ではなく、むしろ実直一方といってよい農民たちだということである。

大蔵省の提案を拒否

もっとも、この大蔵省の提案は太政官によって拒否され、大蔵省はその後明治二年分の支給は承諾したものの、明治三年分の支給は見合わせる旨を弁官に申し立てる（『公文録』明治三年三月異宗徒）。

以後、信徒の預託にともなう扶持米の支給問題は政府内でくすぶりつづけ、この年十月には、弁官と大蔵省の間であらためて当該問題についての話し合いがもたれる。そして、弁官の扶持米支給の要請をうけた大蔵省は、預託信徒にかかわる費用は全面的に藩の公費によって支給されるべきだとのかねての持論を答申する。

このように、明治三年十月段階で、太政官は薩摩側の要求をうける一方で、信徒を預託されたことによって深刻な財政難にいっそう悩まされるようになった藩側と、そのような諸藩側の事情をあえて無視して預託諸藩側の一方的な犠牲をもとめる大蔵省との間にあって、なんらかの対策を至急打ちださねばならなくなったのである。そして、これにパークスから出されていた諸藩への視察を求める申し入れなどが重なって、明治三年十月段階での改心者帰郷にむけての政府内の動きがでてきたものとおもわれる。

帰郷への動き

諸藩への通達

明治三（一八七〇）年十月段階で、鹿児島藩の要求をうけて、同藩に預託されていた浦上キリシタンのうち、改心者の長崎への帰郷を実施にうつそうとする動きが、政府内で明らかとなってくる。実行の推進者となったのは、三条実美であった。十月十日付で大久保利通にあてた岩倉具視の書翰（二通）によると、この段階で改心者の長崎への帰郷に異をとなえる参議大隈重信と民部大丞渡辺清（渡辺昇の兄）の両名を、三条が強引に説得するかたちで、鹿児島藩に預託されていた改心者の、明治四年春の帰郷がほぼ決定をみる。その結果、引きつづき山口藩をはじめとする諸藩に預託されていた浦上キリシタンのうち、改心者の帰郷問題が日程にのぼったと想像される。

そして翌閏十月、諸藩にたいして、浦上キリシタンをどのようなかたちで収容しているか（一村にまとめて置いているか、それとも処々へ分散しているか）、労働に従事させているか、食料などの支給やその費用はどうなっているかを詳細に調べて届け出るようにとの通達がなされるが、これは、おそらくこうした政府内の動きをうけたものとおもわれる。

このように、改心者の帰郷問題は、明治三年十月段階で大きく浮上してくるが、結局、このあと、政府内に根強い反対意見が依然として存在したためか、目立つほどの進展をみなかった。そして、この問題があらたな展開をみせるのは、翌明治四年に入ってからであった。

最大の推進役となったのは、イギリス公使の要求であった。前年のすえに、金沢藩に預けられていた浦上キリシタンが残酷な取り扱いを受けているとの外字新聞の報道がなされると、パークスは政府を詰問し、政府側の回答がよせられると、実情を探るため調査員を同藩に派遣することを申しでた。これを受けて、明治四年の二月から三月にかけて新潟駐在の英国領事代理ジェームス・ツループが、北陸三藩（金沢藩と、金沢藩からさらに預替となった信徒がいる大聖寺藩、それに富山藩の三藩）の視察をおこなう。

その結果、金沢、大聖寺両藩はともかくとして、富山藩の信徒取り扱いが、前々年十二月の各国公使との約束に著しく違反している実情が知られ、事態を憂慮した外務省から太政官にたいし、各国公使との約束にもとづき、父母妻子の同居を実現するため、さしあたり金沢・大聖寺・富山の三藩で預替をおこなうべきだとの申請がなされ、認められる（『日本外交文書』第四巻、七六五ページ）。

また外務省は、もし外国人の調査によって信徒の処遇が改善されれば、浦上キリシタンがそれを外国側のはたらきかけの結果とうけとめ、いよいよ信仰心を篤くするとも限らないとし、そうなれば政府の権勢にもかかわるとして、残りの一七藩への政府官員の派遣と全国一律のやり方での信徒処遇の実施（それは前々年の十二月に諸外国に約束した信徒取り扱いの実施に他ならなかった）の必要を弁官に提言した。

その結果、同省の提言がまたまた採用され、諸藩へ官員を派遣し監視を強めることになった。この決定には、北陸三藩への実情調査をイギリスに認めた以上、他の諸藩への調査請求をもはや拒むことができないとの政治判断が隠されていた（同上、七七四ページ）。

楠本・中野両名の派遣

明治四年四月、政府は、名古屋・津・郡山・和歌山・姫路・岡山・広島・福山・津和野・山口・鳥取・松江の各藩に外務権大丞の楠本正隆を、高松・徳島・高知・松山・鹿児島の各藩に同じく外務権大丞の中野健明を、それぞれ派遣することを通知する（あわせて、両名が知事をはじめ藩庁トップと信徒の処遇について相談して、新たな対応策をとることも通知する）。

楠本はもと大村藩士で、明治三年に外務権大丞に転じるまで、長崎府権判事をつとめるなど長崎の事情に通じた人物であった。

楠本・中野の両名が諸藩を訪問して強く実行をもとめることになったのは、預託信徒の逃亡を防止することと、改心者への田畑・住居の支給、ならびに非改心者の生業への従事、それに居室条件の緩和と家族の同居であった。

反政府分子の弾圧

政府が明治四年に入ってからこのような行動にでたのは、イギリスの抗議をうけたためばかりではなかったと考えられる。国内にキリスト教問題の解決を急がねばならない要因が、依然として残っていたからである。この段階になっても、あいかわらず「攘夷の精神」にみちた外国人への暴力事件が各地で頻発し、政府はその対応に追われていた。したがって、もし対応を誤れば、日本が国際社会のなかで孤立することも十分ありえた。こうしたなか、明治四年一月に参議の広沢真臣（さねおみ）が暗殺され、政府指導者に衝撃をあたえる。

広沢の暗殺は、政府指導者に決断を迫ることになり、それが同年三月に入ってからの、反政府分子への弾圧につながる。すなわち、この月以後、攘夷主義的な反政府運動にかかわっていた久留米藩関係者や外山光輔（とやまみつすけ）・愛宕通旭（おたぎみちあきら）らの公卿がぞくぞくと逮捕され、かれらと繋（つな）がっていたとみられた平田派系政府役人の罷免がなされる。

反政府分子の弾圧と平田派系役人の政府外への排除は、政府が明治四年に入ってから採ったキリスト教対策と軌を一にしていた。すなわち、政府指導者は、この時点で事態をこのまま放っておけば、キリスト教問題がきっかけとなって反政府運動がもりあがることを恐れ、この問題に一気にけりをつけようとしたのである。

現に、岩倉具視は、反政府分子の弾圧にひとくぎりついたあとの、明治四年四月下旬の時点にいたっても、薩長両藩の不和や天下人心の不折り合いなどにふれたうえで、「今一朝奸勇（かんゆう）（＝悪知恵にたけた勇者）出でて、外国に結ぶに耶蘇宗の事をもってし、天下不平の徒を鼓動する時は、実に恐るべきなり」と、佐々木高行（たかゆき）に、キリスト教問題を契機にして、反政府分子が諸外国とむすびつくかもしれないことに不安を感じる心情をもらしていた。

富山藩への警告

いずれにせよ、これ以降、政府のキリシタン保護の姿勢は明確となる。

四月下旬に新潟でイギリス人教師にたいする傷害事件がおこり、その報が東京に達すると、政府は対外和親重視の姿勢を諸外国にしめす必要もあって、信徒に厳しい対応をしている藩に警告を発する行動にでる。たとえば、信徒に首輪をはめるなどしていた富山藩にたいして、五月八日付でもって、同藩のキリシタンの取り扱い方が、かねて通達している政府の趣旨に反し不都合であると叱責し、「元来異宗徒の儀は、外国御交際にも関係」するので、今後は気をつけるようにと注意を促した。また、信徒の取り扱い方については、以後、外務省の指示をあおぐようにと通告した。

ここに、いままで実質上、諸藩まかせであった信徒対策に、政府は本腰を入れて介入しだしたのである（それは、いいかえれば、外務省主導の信徒対策に、諸藩が無条件でしたがうことを強要するものであった）。

また、政府は、楠本・中野両名の派遣にさきだって、明治四年四月戸籍法をさだめ、宗門改め、宗門人別帳の作成、寺請(てらうけ)制を廃止したが、これによって浦上キリシタンにたいする寛大な方針は、制度的に裏付けられることになった。同様に、政府は、信徒の教諭に神典を用いることを原則としながらも、これまで仏典を用いて教諭をおこなっていた藩にたいしては、これまでどおりでよいと指示し、僧侶の教諭活動を追認した（『日本外交文書』第四巻、七七八ページ）。

その結果、神典による信徒の教諭を目指すという神祇官の方針は、たてまえのうえでも放棄され、それにともなって宣教使の地位も低下することになった。そして、こうした寛大な方針の確定のうえに、楠本・中野の両名が前記諸藩に派遣される。

政府の具体的な指示

両名は巡回さきの諸藩で、前もって用意していた政府の指令をつたえた。政府が諸藩に実施をもとめたのは以下の諸点であった。

①宗徒取扱御用掛と教諭掛をそれぞれ置いて、信徒の世話ならびに改心に努めること。

②非改心者の居室を広くとり、平生は信徒各人に応じた仕事に就かせること（室内のみでは、身体が弱り、病気になるので、公役などにも使うこと）。

③一家残らず改心し、脱走の心配もなく、もはや教諭するにおよばない者は、市郷へ仮居住を許し、かねての御沙汰どおり、生業を営むように取り計らうこと（ただし、かれらに対する視察はおこたらないこと）。

④家族を同居させること（ただし、家族のなかに改心者と非改心者が同居していて同居を断った場合は、この限りではない）。

⑤改心者には食事の自炊を許し、非改心者には藩で炊きだした食事をあたえること（た

は許さない)。

だし、改心者といえども、家族残らず改心しないうちは、焚きだした食事をあたえ、自炊

⑥衣服は春秋二度支給し、夜具・蚊帳は改心非改心の別なくあたえること。

⑦生業を営み、公費に頼らず、衣食を自分でまかなっている者は、扶持米を支給するにおよばないこと。

⑧改心者には、産土(うぶすな)神(氏神)の前で、起請文を読みあげさせ、御祓式を執りおこない、血誓のうえ祝文を教授すること。

⑨改心血誓した者は、毎月二、三度、産土神社へ参詣させること。

⑩改心者は神葬祭に、非改心者は仮埋葬にすること(ただし、仏教の力で改心した者は、寺法で取り計らうこと)。

居内規則　あわせて、次のような「居内規則」も提示された。

⑪子供がいる場合は一〇畳に八人くらい、子供がいない場合は一〇畳に七人くらいを目安として室内に住まわせること(ただし、従前これより条件のいい所に居住している者はこの限りではない)。

⑫掃除は常にさせ、湿気に注意すること。

⑬教諭掛下役を居内に詰めさせ、説諭はもちろん、万事注意して取り締まりをおこなうこと。

⑭番人を付けること。

以上のような具体的な信徒取りあつかい規則が、諸藩にたいして伝えられ実行が求められたが、①〜⑭の各項目を総覧して目につく特徴は次の諸点である。

(ア)　②④⑥⑪⑫の各項目から明らかなように、居住条件や衣服に関しては、改心者・非改心者の別なく、寛大な対応が藩政府にたいして具体的なかたちで求められたこと。信徒の収容される居室の条件は、一人につき畳一・二〜一・四畳とされたが、これはだいたい、ひとむかし前の公立学校（小・中・高）の修学旅行時の条件とほぼ同一であり、かなりの優遇措置といってよい。また、湿気などにたいする配慮は、この時期からはっきりとしてくる政府の衛生重視の発想との関連で注目される。

(イ)　浦上信徒およびその家族を一般社会からなにがなんでも隔離するといった政策に変更が加えられ、一家全員が改心した場合という条件がつくものの、信徒の一般社会への受けいれが諸藩にたいして求められていること。これは、浦上信徒が諸藩へ預託された結果、キリシタンが必ずしも恐るべき存在ではないことが藩レベルでも政府レベルでも認識された結果であるとおもわれる（ただし、これはあくまで市中への仮居住であり、長崎への帰郷を約束したものではない）。

(ウ)　信徒の経済的自立による藩の負担軽減への配慮がなされていること。これは、それだけ信徒の預託にともなう藩サイドの財政的疲弊が深刻であったと同時に、中央政府の財政事情悪化をも反映した要請といってよい。

待遇の改善

楠本・中野の両名が諸藩につたえた政府の指令は、このような特色を有するものであったが、諸藩では以後、一部の藩をのぞき、概して政府の指令を忠実に守ったようである。「旅の話」を読むと、楠本・中野両名の巡見後、信徒にたいする処遇が改善されたという内容のものが多い。そして、諸藩の多くは、政府の指令の前に、改心者と非改心者の間に待遇上の差をつけることができなくなり、その結果、非改心者の説諭を事実上断念せざるをえなくなる。

そして、これを受けて、信徒のなかには大胆な行動をとる者もでてくる。たとえば、明治四年の四月に福山の収容所を脱出した里郷字（あざ）道上の茂市は、手配の網の目をかいくぐって、大阪のクゼン神父のもとにたどり着き、神父から諸国に流された仲間の慰問と実情調査を依頼されると、津和野をはじめとする諸藩をその後訪れた（片岡弥吉『日本キリシタン殉教史』六七四ページ）。

また、これよりすこし前のことになるが、山口藩から福山藩にたいしてなされた問いあわせと要望によると、明治四年二月に萩にやってきた福山脱出者（茂市かどうかは不明）が、信徒の収容されている囲い内には入らなかったものの、長屋下で信徒と話しあったり、また道の途中で信徒と会い、酒などを飲みながら密談し、キリスト教信仰の黙認が近いうちにあることなどを喋ったらしい（「異宗徒御預一件（自慶応四年至明治六年）」二）。

これらの事実は、明治四年に入ると、政府官員の諸藩への派遣とあい前後して、浦上キリシタンへの監視の眼が急激にゆるみはじめたことを示していよう。浦上信徒を取りまく状況は、明治四年段階で、もはや後退を不可能にさせるほど大きく変わったのである。

改心者の解放

このように、楠本・中野両名の巡見後、浦上キリシタンをとりまく状況は大きく変わったが、次につづいて考えねばならないのは、改心者の帰郷が、いつの時点で、主として誰（あるいはどういうグループ）の発議をうけて、決定をみたのかという問題である。

帰郷決定はいつか

後述するように、改心者の長崎への帰郷は明治五年二月に諸県（前年七月に廃藩置県の詔書がでて、県に編制がえとなる）にたいして通知されるが、ここにいたるまでの経緯については不明な点が多い。上述したように、明治四年四月ごろの時点で、楠本・中野の両名を通して政府が諸藩に実施をもとめた要項中には、一家残らず改心した信徒の一般社会への受けいれ（すなわち市中や郡村への仮居住）が含まれていたが、これは再度確認するまでもなく、改心者の長崎への帰郷を約束したものではなかった。

これがなぜ、翌明治五年二月段階で長崎への改心者の帰郷となったのか、また、それがいつの時点で決定をみたのか、その辺のところがまったくといってよいほどわからない。ただ、ひとつハッキリしているのは、この決定にもっとも重要なかかわりを有したのが、大蔵大輔の井上馨であったことである。

井上馨の進言

改心者の長崎への帰郷が政府関係者によって最初に明確に主張されたのは、史料面で確認できる範囲では明治五年一月のことであった。この月の十四日、大蔵大輔の井上は太政官正院へ、諸県に分預されている浦上キリシタン中の改心者に、預託先の民籍への編入か、それともどこか望みの場所への移住か、そのどちらかを選ばせることを提言する（『日本外交文書』第五巻、五八九ページ）。

これにたいし、外務省や麝香間祗候（じゃこうのま）の大原重徳などは、改心者を預託先の民籍へ編入することには同意したものの、本籍への復帰にはあくまで反対を表明した。

しかし正院は、外務省や大原などの意見をおしとどめて、改心者の本籍復帰、つまり長崎への帰郷を許した。その結果、二月七日、太政官布告第三六号をもって、改心者の長崎への帰郷が預託諸県に告げられる。

つづいて三月十四日、大蔵大輔井上馨の名をもって出された指令で、①家族が分散して諸県に預けられている改心者で家族との同居を望む者は、県が掛け合い、そのうえで「その者望の方へ差送」るようにすべきこと、②もし家族がどの県に預託されているかわからない者は、「戸主家族にかかわらず」本籍へ引き渡し、長崎県において一家が同居できるように世話をやくべきこと、③費用は、出発までの入費はその地の地方官が、道中の旅費は道筋の地方官がそれぞれ担い、のちに第二常備金の内から支払われることが通達される。

守旧思想の排除

以上が、改心者の帰郷決定にいたるまでのごく簡単な事実経過であったが、ここから読み取れるのは、先程も指摘したように、改心者の長崎への帰郷実現に決定的な影響力をおよぼしたのが、どうやら大蔵大輔の井上馨であったらしいことである。このことは、明治五年二月に、外務大丞等より岩倉大使随行の田辺一等書記官等にあてた公信に、改心者の赦免がなされたことにふれたあと、「大蔵省建言あい添え差し進じ候」とあることによっても裏付けられる（同上、三四ページ）。

この点をまず確認したうえで、つづいて確認しなければならないのは、明治五年一月に井上の進言があるまでは、政府にキリスト教対策について新しい方向性を打ちだそうとする意思が読み取れる（キリスト教厳禁路線を緩和する方向性がかなり明確となる）ものの、いまだはっきりとしたキリスト教対策を確立するまでにはいたらなかったことである。

ただ政府が、この間、新しいキリスト教対策を確立するうえで、障害となる守旧主義の排除に、ひきつづき努めたことは明らかであった。神祇官からの平田派系役人の排除、攘夷主義的な反政府運動の弾圧につづいて、攘夷論者の巣窟（そうくつ）のような観を呈していた弾正台を七月九日に廃止し、事務を司法省に引き継がせる。

ついで、八月八日、それまで太政官の上位にあった神祇官を神祇省に降格したが、これは明らかに神祇官に巣くっていた守旧グループの勢力をそぐことを目的とした措置であった。そして、それにともない、神祇大副の福羽美静（ふくばびせい）が神祇大輔に、神祇少副の門脇重綾（しげあや）が神祇少輔に降格され、ここに開化主義者のもっとも忌み嫌う神祇官と弾正台の勢力がともにそがれ、政府は新しいキリスト教対策を展開しやすい条件を創りだした。

また、この間、七月には右院でキリスト教の解禁をめぐって、諸省の長官・次官クラスを集めて評議がおこなわれた。佐々木高行によれば、後藤象二郎は断然解禁論、山県有朋は漸進的な解禁論、岩倉具視は確乎たる禁教論、佐々木本人は現今での解禁は不可（五、六年たって条件が整えば解禁も可）との考え、江藤新平は「いつ迄も禁止論」でたとえ日本全土が対外戦争で焼土となろうともけっして解禁はすべきではないとの論であったという。そして、結局、最終的には岩倉の意見に落ち着く（『佐々木高行日記』第五巻、一七三〜一七四・二六四〜二六七ページ）。

改心者の帰郷が実現をみた理由

問題は、こうした状況のなかから、どうして改心者の帰郷が発議され、それが実行にうつされたかである。なかでも、大きな疑問として残るのは、この間、明治四年十一月に、岩倉使節団が欧米に向って出発したが、出発するに先立って大使一行と留守政府要人との間に、使節の派遣中なるべく新規の改革をおこなわず、現状維持を主とするとの約束が結ばれたにもかかわらず、なぜ改心者の帰郷という新たな決定がなされたのかということである。しかも、留守政府の中心には、キリスト教にたいして強い反感をもつ江藤新平がいたにもかかわらずである。

こうした疑問が残るが、それでも改心者の帰郷が実現した理由をしいてあげれば、いくつかその候補が考えられる。が、いずれも決定打とはならない。たとえば、深刻な財政難に直面していた大蔵省が経費の節減につとめ、それが帰郷につながったこと、政府役人の諸藩への派遣によって、キリシタンがけっして恐るべき存在ではないことが改めて確認されたことなどがそれにあたる。

しかし、これらの理由では、なぜ井上馨が、明治五年一月の時点で、改心者の帰郷を正院に進言したのかという問題への解答とはならない。そこで改めて考えねばならないのは、明治四年十一月に発生した伊万里県事件との関連である。

伊万里県事件との関連

伊万里県事件とは、伊万里県（のちの佐賀県）に住むキリシタン六七名が捕えられ、佐賀市外の牢に投獄された事件をさすが、事件がおこったのが、明治四年十一月上旬であったことを考えれば、この事件が改心者の帰郷決定になんらかの影響をおよぼした可能性はありうる。

すなわち、事件発生後の十二月四日に、英国臨時代理公使のアダムスから、副島外務卿と寺島外務大輔にたいして事件についての問い合わせがあり、ついで政府役人の長崎への派遣と長崎在勤の英国領事との折衝がなされたうえで、同月すえに信徒が旅費を支給され佐賀の牢から釈放されたが、本事件によってうまれた欧米諸国の不信ならびに非難を、改心者の帰郷決定によって多少なりともかわそうとしたのではないかと推測される。

なお、岩倉使節団との関連でさらに付け加えておくと、使節団参加者の大久保利通・伊藤博文両副使の一時帰朝と改心者の帰郷決定はまったく無関係であったといえる。かれら両人は、アメリカで使節団が当初の方針を変更して条約改正交渉にとりかかろうとして、全権委任状の交付を必要とした際、アメリカから一時帰朝したが、その時、正院に出頭してキリスト教禁制をかかげる高札の撤去をもとめた。しかし、両副使が東京に帰着したのは、改心者の帰郷がすでに決定したあとの明治五年三月二十四日のことであったからである。

改心者の帰郷とその影響

改心者の帰郷が実現をみた理由は、いまみたように不明であるが、いずれにせよ、浦上信徒中の改心者は、明治五年二月にだされた第三六号布告によって解放された。四月から五月にかけて長崎に帰郷した者は、九〇〇名から一〇〇〇名程度であった。各県それぞれの帰郷者数はむろん県によって異なるが、名古屋・和歌山・姫路・岡山・広島・鳥取・松江・山口では残留者数を上まわり、これら諸県では預託信徒数が一気に減少した。そして、改心者の帰郷が実現したことによって、ここに注目すべき変化が政府と預託諸県の双方にみられるにいたる。

宣教使の廃止

政府は三月十四日に神祇省を廃止し、かわって教部省を新たに置いた。そして、宣教使にかわって教導職がおかれ、神官と僧侶がそれに任命され、キリシタンの教化に取りくむことになった。教部省が設置された理由はいろいろ考えられるが、基本的には、たんに宗教事務にのみ従事する神道家とは違って、広く対外関係をも視野に入れて国家的課題を解決することを求められた政府指導者が、この段階でより合理的な宗教政策へ転換しなければならなかったことによろう（羽賀前掲書、三〇～三五・一九四ページ以下参照）。

改心工作に熱を失う藩が続出

いっぽう、諸県サイドで目につくのは、改心者の帰郷後、残留信徒の改心工作にまったく熱を失う県が出現することである。これには、政府の政策転換の影響もさることながら、長崎への帰郷を断念してまであえて信仰を守りとおそうとした残留信徒のつよい信仰心のまえに県としてなすすべがなくなったこと、かれらの改心をせまる物理的強制力の行使を完全に政府によって封じられ、いかんとも仕様がなくなったことが大きくあずかった。

たとえば、香川県などは、改心者の赦免後、大蔵省にたいし、非改心者を改宗させるための方策が完全につきたので、説諭をやめたとの上申書（じょうしんしょ）を提出した（『世外井上公伝』第一巻、三一三～三一四ページ）。

また、一〇三名（男三九名、女六四名）の信徒が萩にのこった山口県では、改心者の帰郷後、残留信徒の改心に自信を失い、経費の節減のみが目指された。すなわち、残留信徒の改心は「覚束(おぼつか)ない」との観点から、県ではかれら非改心者に「手数を掛候」ても仕方がないと判断し、掛り役人の減員・賄(まかない)費用の削減をはかった。その結果、異宗徒の取り扱いについては、本庁の庶務課に窓口を一本化することになり、異宗徒御預所→萩支庁→本庁庶務課という単一の信徒取り扱いルートが確立された（「異宗徒御預一件（自慶応四年至明治六年）」三）。

このような香川・山口両県関係者の説諭断念や経費節減策の採用は、なにも両県に限ったことではなかったと想像される。なかでも、浦上信徒問題における山口県関係者の他県を圧倒するウェートを考えると、山口県関係者の認識は重要な意味をもったとおもわれる。

山口県の提案　事実、このあと、非改心者の帰郷実現とキリスト教の信仰をかたく禁じた高札の撤去に、直接的な影響をおよぼしたのは、明治六年一月九日付でだされた山口県の伺であった。山口県権令の中野梧一などから史官あてに出されたこの伺では、①最後まで萩にのこった浦上信徒の改心工作が完全にゆきづまっていること、②そのような状況におちいる決定的な要因となったのが、前年の政府官員の巡廻による信徒の待遇改善指令（改心者と非改心者の区別をつけないで、信徒を取り扱うことを命じた）であること、③その結果、非改心者はいよいよ自負の念をたくましくし、もはや言葉による教諭では改宗させられそうもなく、ことに信仰心の篤い者は、どれほど改宗を促してもけっして応じる気配がなく、まったくお手あげ状態であることが記されていた。

そして、こうした現状をふまえ、伺では、「これまでの通（とおり）」信徒を「僻地の一隅に拘留いたし置き候」ような隔離政策の廃止が提案された。それは、具体的には非改心者を長崎に帰郷させせて生業に就かせ、その後おいおい周辺地域の実情をも周知徹底させることで、生活の自立をはかると同時に、信徒の改心をも実現するというものであった。

この山口県の提案は、むろん最後の最後まで萩に残留していた厄介者である非改心者を長崎にかえすことで、藩の負担（「養（やしない）方莫大（かたばくだい）の御入費」）の軽減をはかろうとしたものであったが、ここには、信徒を隔離し藩が生活の面倒をみるという従来の信徒対策の絶望的なほどの見とおしのなさが告発されているといってよい。

隔離政策の結果、「ますます（信徒が）世の見聞に疎（うと）くあいなり」り、「空手日（くうしゅ）を送り候より、衣食の労念も絶え果て、人慾のある所も知らず、一心ますます固結、ひたすら信仰を厚うするの外これな」き状態におちいっているとの山口県側の認識は、皮肉なことに、藩（県）が信徒の衣食住を保証することで、信徒が日常の衣食住のわずらわしさから解放され、かえって浦上でも経験したことのない、信仰へ一心に取りくめる条件を提供してもらえることになった状況への嘆きを反映したものであった（『太政類典』第二編教法）。

と同時に、信徒を解放してもそれほどの弊害はないとの確信を、この時点でかれらが強く抱いたことも示している。やはり、この時期に、信徒を隔離する政策がもはや意味をなさないとの立場から、信徒を片田舎の山村から市街地に転居させた度会（わたらい）県の存在とあわせ考えると（『公文録』明治六年二月異宗徒一件）、山口県関係者は、信徒をより生活レベルの高い周辺住民と接触させることで非改心者の眼をさまさせる、いわばショック療法をおこなうことを最後の手段として政府に提言したといってよかろう（なお、度会県の提出した政府への転居届けには、「（市街地に信徒を移すことで）自然他の人民の風儀をも見習い、漸々今日の勢をも覚り、ついに悔悟いたすべき見込」とあった）。

ここにはキリスト教の蔓延にたいする極度の恐怖感はもはや存在しない。また、これは改心者を一般社会に受けいれさせるという前年とられた措置（改心者の長崎への帰郷）よりも、明らかに一歩も二歩も踏みこんだ見解であった。

大蔵省の答申

このような趣旨の伺の提出をうけて正院は、同年二月七日付で大蔵省に意見をもとめた。大蔵省に意見がもとめられたのは、同省トップの井上馨が、前年の七月にも、諸県にのこった非改心者の待遇の改善を正院に進言するなど、この問題に一貫して深いかかわりをもっていたためであった。そして大蔵省は、この諮問にたいして、重要な答申をおこなう。

すなわち、二月十四日付で出された答申では、まず最初に、明治五年に解放された五〇〇名におよぶ解放者の実況を、その後大蔵省の官員が実際に立ち会って調べ見届けたところ、かれらはカトリック信仰を悔い改めたりなどせず、逆に方々で、明治二年以来、各人が信仰を守るため、いかに苦労したかをしきりにしゃべり、ますます信仰をふかめている状態であると記されていた。

そして、つづいて、すでに改心者として長崎に帰郷を許された者ですら現在このような有様である以上、篤信の者を改心させる方法はけっしてないであろうこと、そうであるならば、すみやかに非改心者を長崎にかえすか、それとも預託先の県の民籍へ編入するか、そのどちらかを非改心者に選択させ実行にうつすべきであること、そうすれば、預託にともなう諸県ならびに政府の入費も軽減するであろうことが提言された。

そして、最後に注目すべき見解が付け加えられた。それは今となっては信教の自由を保証すべきではないかという意見であった（「そもそも、人心各自信仰の自由は、政府にて預かり知り、抑制いたし候筋にこれあるまじく候間、独り山口県へ御預の分のみならず、一般に右の御処分あいなり候方、然るべきか」）。

大蔵省は、山口県の伺をうけ、それをさらに発展させて、政府が信教の自由を国民に保証することを最終的には主張したのである（『太政類典』第二編教法）。

なお、大蔵省の答申中に記されている改心者の帰郷後の様子との関連で、あらためて目を引くのは、伊万里県事件に連座した信徒たちの動向である。大原重徳（しげとみ）のもとにとどいた情報によると、かれらは釈放後、自分たちが解放されたのは、「ただ耶蘇の御蔭、外人の助け」（『岩倉具視関係文書』第五巻、一〇五ページ）とこころえ、そのことに大変な誇りを感じるようになったという。そして、自分たちが解放されたことをもって、もはやキリスト教が解禁されたも同様とうけとめ、そのため、長崎県の役人が説得を試みる余地がなくなり、完全なお手あげ状態となったらしい。

井上をはじめとする大蔵省首脳は、こうした現実をあくまで拒否しようとした大原などとは違って、現実を認め、それにリアルに対応しようとしたのである。それが大蔵省の答申であった。

キリスト教禁止の高札撤去

高札の撤去をもたらしたものは何か

話がここまでおよんだ以上、これから本書の最後にとりあげねばならないのは、非改心者の長崎への帰郷実現をもたらした高札の撤去にいたる要因である。

岩倉使節団と欧米諸国

この点に関しては、すでに本書の冒頭部分で、諸外国の宗教弾圧への抗議と信教自由の要望、それに岩倉使節団からの要請が、決定的な影響をおよぼしたとみる見解が有力であることを指摘した。

むろん、キリスト教の禁制を掲げた高札が撤去されるうえで外国の圧力や岩倉使節団がはたした役割を軽視することはできない。両者がともに大きなかかわりを有したことは厳然たる事実である。しかし、このことを十分に認めるとしても、実態は通説のとおりであったか。この点を以下具体的な史実のなかに探ってみたい。

まず従来の主流的な見解がこぞって拠り所としている外国の圧力であるが、これはたしかに岩倉使節団が訪問した先々でみられる。使節団はアメリカ・イギリス・フランス・ベルギー・オランダ・イタリアの各国で、程度の差はともあれ、信教の自由に関して要望ないしは忠告といったものをうけている（ただし、ドイツ・ロシア・デンマーク・スウェーデン・スイスでは、この種の抗議や要望をうけた痕跡はいまのところみいだせない）。そして、こうした要望や忠告をうけた際、岩倉使節団側から釈明がなされ、時には使節団代表の岩倉具視（ともみ）の口から将来条件が整えば解禁も可との返答がなされた。

また、伊万里県事件が発生し、それがアメリカの新聞に報道されて世論を刺激し、デ・ロング駐日公使の岩倉への勧告となった際、事件が日本政府の命令でなされたものと誤解されることを恐れた岩倉から、留守政府の太政大臣三条実美（さねとみ）にたいし、注意が喚起された（『伊藤博文伝』上巻、六四四～六四五ページ）。

こうした事実をつなぎあわせ、それに着目すると、たしかに岩倉使節団は、欧米諸国で迫害や信教の自由をめぐって執拗な抗議をうけ、追いつめられたかの印象がのこる。しかし、率直に書けば、総体としては岩倉使節団は、近い将来信教の自由を国民に保証することを欧米各国になにがなんでも約束しなければならないほどの強い圧力をうけつづけたとはおもわれない。

伊万里県事件にしても、当初は条約改正交渉との関係で、その影響がすこぶる懸念されたものの、事件が落着したとの報告がまもなくアメリカの使節のもとに伝えられると、大使随行の田辺一等書記官等が、これからはまったく後顧の憂いなく、アメリカ側を説破できると自信を深めるなど、使節団参加者を結局は弱気にさせなかった（『日本外交文書』第五巻、四五ページ）。

伊藤博文の書翰

また、このことは、岩倉使節団に参加した者のなかで、欧米諸国の制度文物の摂取にもっとも熱心であった（したがってキリスト教にも一番理解があった）伊藤博文でさえ、次のように留守政府首脳に書きおくっていることからも明らかである。伊藤は、明治六年一月二日付で、パリから大隈重信と副島種臣（そえじまたねおみ）の両名にあてた書翰に、次のように記した（『大隈重信関係文書』第二巻、三〜五ページ）。

（前略）おいおい巡歴仕候中、各国政府の趣向を臆察仕候に、やはり東洋旧来の風習にて、西教（＝キリスト教）を忌悪仕候事を、今もって顧念するの意、脱却仕らず、……方今、学者の議論などには、ややもすれば、宗教の害を論説仕候者も、数多これあり候得共、いまだ一般の人心においては決して氷解仕らず、政府の官吏たる者は、ことに之を拡充するの見込にこれなく候得共、是をもって口実とし、或は人心の帰向に基かんと欲するより、とかく交際上の議論に及ぼし候様推察仕候。僕ひそかに思に、……教法の事は、ただ之を黙許して、法律上において区別せざるを主とすべし。……英国などにては、……高札等に、耶蘇の禁令ある等はもとより能く熟知せり。故に我国にて、教法は黙許なりと云ことは、洋人に向て説くこと能わず、……国として禁令を掲示し、其令行われざれば、国威何を以てか立つべき、……僕須らく之を廃すると廃せざるとの事実に損益あることは論ぜず、……漸々、内民の之（＝国禁）を犯す者をも、事実上においては、やむをえず傍観するに到れり。……禁令の行はるるは、阿片烟の如くならざれば、禁令と云べからず。……条約改定の時に臨み、あらかじめ廟論の帰着する処を御決定これなくては、紛雑の憂を生ぜんことを恐れ、贅言申上置候（後略）。

本書翰は、使節団の一員として、宗教弾圧の非をいたるところで指摘された伊藤が、留守政府にキリスト教禁令の撤廃を強くもとめ、それが高札の撤去に決定的な影響をあたえたとして、しばしば引用されるものである。

伊藤書翰の位置づけ

そして、その際、伊藤の建言は、使節団の総意を反映したものと位置づけられる。

しかし、冷静に読めば、この書翰は、伊藤が高札の撤去をつよく留守政府に求めた建言というよりも、ヨーロッパにあって米英仏など主要国の訪問をおおむね使命をはたした段階の伊藤が、留守政府内の仲間に書きおくった状況報告ないしは雑感といった性格のものである。すなわち、伊藤はこの書翰で、なにをさておいても是非とも伝えねばならないわけでもない「贅言（ぜいげん）（＝余計な言葉）」として、留守政府の指導者に、信教の自由をもとめた欧米諸国の宗教事情と、日本政府がこれから採らざるをえないであろうキリスト教対策について、自分の感想および意見をのべたといえる。

ここには、かつての宗教戦争などでの経験から、宗教のもたらす害悪を知悉（ちしつ）している欧米諸国政府が、キリスト教を日本に普及しようとする意図はないものの、国内の人心に配慮して岩倉使節団に信教の自由をもとめた内情（もちろん、それは伊藤の認識にもとづくものであった）が語られている。そして、そのうえでキリスト教信仰を、アヘンの吸引を禁止するようには禁じえない日本の現状をみとめ、キリスト教を黙認することを留守政府要路に贄言としてつたえている。

伊藤の同様の感想は、この書翰が発せられてから一ヵ月ちかく経ってだされた、井上馨あての書翰（『伊藤博文伝』上巻、六九一〜六九三ページ）においてもみられる。明治六年一月二十九日付の書翰において、伊藤は、「たいがい（各国との応接は）教法寛恕と内地往来（＝内地解放）にとどまり申し候。英仏両国の応接にては、まず急に差し許しがたしと申すことに決答仕り置き申し候。いづれ帰国のうえ、改定の期に臨み候うえ、熟議物と存じ奉り候。欧州学者の議論にては、教法などもはや度外に置き候説もこれあり候えども、宗旨信仰の徒、或は僧侶のために、政府はやむをえず、寛恕の説を我に迫り候様、あい窺われ申し候」と伝えた。

すなわち、伊藤は本書翰においても、日本に信教の自由をもとめる欧米諸国政府自体の圧力が、必ずしも強いものではなく、カトリックの僧侶や信者の声をうけて、やむをえず発せられたものであることを示唆したのである。そして、伊藤ですら、このような認識を有していたかぎり、信教の自由を日本政府が急ぎに急いで欧米諸国にたいして約束する必要はなかったといってよい。

伊藤書翰は使節団の総意を反映したものか

もっとも、わたくしが、いくらこの点を力説しても、伊藤が留守政府にやはりキリスト教の解禁を強く進言したとみる識者は依然として多かろう。そして、この点をどれほど論じあっても、いわゆる水掛け論となって意義があるとはおもわれない。そこで視点を変えて、伊藤の書翰が仮に留守政府にキリスト教の解禁を強く進言したものだとして、それがはたして使節団の総意を反映したものであったかどうかをごく簡単にふり返っておきたい。

これは結論を先に書けば、そうではなかったと断定せざるをえない。岩倉使節団関係者は、総じて実務関係の知識の吸収に忙しく、キリスト教の解禁問題にはむしろ冷淡な態度をとるものが多かった。また、キリスト教の解禁をめぐっては、使節団の構成メンバーの間には、意見の相違がみられた。

たとえば、使節団の団長であった岩倉は、明治五年九月二十三日付で、ロンドンから三条実美に送った書翰で、キリスト教の解禁に断固反対の意見を表明した（『三条家文書』）。また副団長格ともいうべき木戸孝允は、使節団の出発前よりも、かえって、欧米諸国の宗教事情と性急な開化のもたらす弊害を知るにおよんで、キリスト教の解禁につよい難色をしめすようになっていた。そして、そうした自分の気持ちを、明治五年八月の時点で、留守政府首脳（内閣員）一同にたいして表明した（『木戸孝允文書』第四巻、三八四～三八五ページ）。

こうした事実は、伊藤の意見が使節団の総意を反映したものではなかったことを語っていよう。したがって、伊藤書翰をもって、岩倉使節団が留守政府にキリスト教の解禁を強く要請したとはとうていみなしえないのである。伊藤の意見は、あくまでかれ個人のものであったとみるべきである。

伊藤書翰はいつ日本に着いたか

では、岩倉使節団関係者からのキリスト教の解禁をもとめる要請がそれほど強いものではなかったとしたら、なぜ明治六年の二月にキリスト教の禁制をかかげた高札が撤去されたのか。ここで再び立ちもどらねばならないのは、伊藤書翰である。一連の伊藤書翰が日本に到着し、関係者の手にわたった時日は不明である。また、高札の撤去にいたるまでの政府内の評議の模様なども明瞭ではなく、具体的な記録にも乏しい。

しかし、それにもかかわらず、いままでの研究者はほとんど全員といってよいほど、伊藤書翰と高札撤去とをむすびつけて理解している。これは伊藤書翰が二月二十四日の高札撤去までに日本に到着し、高札の撤去に決定的な影響をおよぼしたとみているためである。

なかには、はるか後年（明治三十五年）の『福音新報』に掲載された大隈重信の回顧談を根拠に、一月二日付の伊藤書翰を受けとった大隈のほか、三条・板垣退助・西郷隆盛の三名を加えた計四名によって高札撤去の決定がなされたと指摘する研究がある。しかしこの回顧談には、大隈が伊藤書翰を受けとったことなどまったく語られてはいない。したがって、これをもって伊藤書翰と高札の撤去をむすびつけることはできない。

そこで改めて伊藤書翰の日本到着時が問題となるが、当時のヨーロッパと日本をむすぶ郵便事情を考えれば、政府が高札の撤去を決定するまでに伊藤の書翰が留守政府要路に手渡されたとはおもえない。

たとえば、明治六年一月二十二日付で伊藤にあてて出された井上馨の書翰は、一八七二年十一月十三日付で伊藤が投じた書翰をうけた返翰である。一八七二年十一月十三日は、陰暦の明治五年十月十三日にあたり、この年の十二月三日をもって明治六年一月一日となったから、井上が伊藤の書翰をうけてまもなく返事をだしたとすれば、伊藤の書翰は、ゆうに二ヵ月以上を経過して井上のもとにもたらされたことになる。同様に、明治六年一月十五日付で、大久保・伊藤の両名にあてて出された渋沢栄一の書翰は、前年の十月に出された公信をうけたものであり、これも同様の状況と考えれば、やはり日本に達するまでほぼ同じくらいの時日を要している。

したがって、伊藤の書翰が留守政府要路の手に渡り影響をおよぼしえた可能性はすくなく、ましてや政府が大蔵省にたいして意見の提出をもとめた二月初旬までに、同省トップの井上の手に渡った可能性はなおさら低い。それゆえ、信教の黙認についてふれた伊藤書翰は、高札の撤去と大蔵省の答申にはまったく影響をおよぼしえなかったものと想像される。

大蔵省の答申と伊藤書翰との関連

しかし、念のため、さらに大蔵省の前記答申の内容との関連を検討しておきたい。もし、伊藤書翰が答申の作成まえに大蔵大輔の井上馨らの眼にふれ、同省関係者がなんらかの啓示をうけたとすれば、答申中にその痕跡が残るはずだからである。なぜなら、伊藤の贅言は、非改心者の長崎への帰郷のみならず、信教の自由保証まで表明した大蔵省にとって、自己の主張を正当化するうえで、願ってもない有力な論拠となったはずだからである。

しかし、すでに詳細にみたように、大蔵省の答申には、そのような痕跡は影も形もみられない。ただ、一貫して大蔵省が自己の主張を正当化しようとした根拠は、長崎に帰郷した改心者および諸県に残った非改心者の実態を前提とした国内事情にもとづくものであった。すなわち、大蔵省の答申に伊藤の意見は露ほども反映されておらず、同省の答申は国内事情に全面的にその根拠を依存していた。

そして、ここで再度強調するまでもなく、大蔵省の主張は山口県の伺をうけたものであった。そして、その山口県の伺は、明治六年一月九日付でだされており、当然のことながら、伊藤の贅言の影響をうけるはずのないものであった。

したがって、もし、高札の撤去と伊藤の意見がなんらかのかかわりを有したとしても、それはあくまで大蔵省の主張を後日補強する役割をはたすものでしかなかったといえる。そして、キリスト教の禁制をかかげた高札が撤去されたのは、大蔵省の答申があってからわずか一〇日後の二月二十四日のことであった。

ここに、キリスト教の信仰を禁止した唯一の法的根拠がのぞかれた。当然、信徒を追放したり投獄したりする理由も失われた。そのため、翌三月には浦上信徒（非改心者）の帰郷が政府内で決議をみる。これら一連の政府決定に、伊藤の書翰ではなく、大蔵省の答申が決定的な影響をおよぼしたであろうことは、上述の経緯からも明らかであった。

キリスト教の禁制をかかげた高札の撤去は、明治四年・五年と浦上キリシタンにたいする政府の寛大な方針が徐々に明らかとなるなか、山口県の伺によって一気に突破口をひらかれ、それを井上をトップにいただく大蔵省が政府内にあってあと押ししたことで、最終的に実施にうつされたと想像されるのである。

信徒のはたした役割

そして、いうまでもなく、そのような状況に政府を追いこんだ最大の力は、諸外国の圧力でも、ましてや岩倉使節団からの要請でもなかった。

大蔵省の答申中に簡潔に記されていたように、諸藩への流配という苦難に直面し、そのあと長崎に帰郷した信徒たち（改心者）が、自らの悲惨な体験に尾鰭（おひれ）をつけ、それを喋々（ちょうちょう）と周囲に語り（いかにひどい苦難にもめげずに信仰を守りとおそうとしたかといった類の話）、再び信仰生活にはいる者が続出するなか、政府当局者をして絶望的な状況に追いこんでいったのである。

また、諸県に残留した非改心者のかたくなな態度も、政府をしてキリシタンへの宗教弾圧の継続を決定的に不可能にさせていくいまひとつの要因となった。すなわち政府は、最終的に、この浦上信徒の改心者・非改心者をとわないたくましさの前に屈服せざるをえなかったのである。

浦上キリシタン流配事件に関しては、「消し去ることのできない不毛の一ページである」といった評価があるが、浦上キリシタンは改心者と非改心者をとわず、多くの犠牲をはらわされたものの、自らのその存在でもって、キリスト教の黙認を事実上実現させたのである。それはけっして不毛などと評することのできない、大きくかつ尊い成果であった。

非改心者の解放

信仰の黙認から解禁へ

太政官は、一八七三（明治六）年三月十四日付で、長崎県にたいし、諸県に残留している浦上信徒の帰籍と、各県よりの信徒受けとりについての取り計らいを命じた。これを受けて、四月から六月にかけて、諸県にとどめ置かれていた二〇〇〇名近い浦上信徒が長崎にもどってくる。ここに一村住民の総流配という日本史上空前の宗教弾圧に、ようやく幕がおろされた。

その後、政府は、東京芝増上寺に置いた大教院を拠点に、神仏両教の力をかりてキリスト教に対抗しようとするが、このような試みも、明治八年五月の大教院の解散が象徴するように失敗に終わる。

これ以降、キリスト教をとりまく状況は、キリスト教徒の急激な増加を背に、黙認の段階から解禁にむけた段階に移行していく。その過程で、明治も十七年ごろになると、欧米各国との条約改正交渉をスムーズにおこなうために、キリスト教を日本の国教とすることを主張する政府高官すら登場してくる（『尾崎三良日記』上巻、三五五ページ）。また、このころから、アメリカ的な政教分離を主張する信仰自由説も一部で唱えられだす。

そして、こうしたなか、教導職が廃止されたあとの明治十七年十月に、自葬の禁止がとかれ、あわせて戸籍簿に旦那寺名と氏神を記載することも廃止となる。ここに長い間、キリスト教の侵入を防ぐために採られてきた、江戸期以来の宗教的制約がまたひとつはずされたのである。

これからキリスト教信仰の自由が、明治二十二年大日本帝国憲法第二八条の規定によって公的に認められるまでは、またそれなりの時日を要したが、それが信徒にとって、前代までの苦難に比べて、著しく軽いものにとどまったことは、いうまでもない。

参考文献

『公文録』『太政類典』(ともに国立公文書館蔵)。

『異宗徒御預一件(自慶応四年至明治六年)』(全三冊。山口県文書館蔵)。

『保古飛呂比(佐々木高行日記)』二〜五(東京大学出版会、一九七二〜七四年)。

『日本外交文書』第一〜五巻(巌南堂書店、一九九三〜九四年)。

加古義一『長門公教史』(天主公教会、一九一八年)。

姉崎正治『切支丹禁制の終末』(同文館、一九二六年)。

浦川和三郎『切支丹の復活』後篇(日本カトリック刊行会、一九二八年)。

浦川和三郎『浦上切支丹史』(全国書房、一九四三年)。

片岡弥吉『浦上四番崩れ(明治政府のキリシタン弾圧)』(筑摩書房〈グリーンベルト・シリーズ24〉、一九六三年)。

片岡弥吉『日本キリシタン殉教史』(時事通信社、一九七九年)。

フランシスク・マルナス(久野桂一郎訳)『日本キリスト教復活史』(みすず書房、一九八五年)。

藤井貞文『開国期基督教の研究』(国書刊行会、一九八六年)。

純心女子短期大学長崎地方文化史研究所編『プチジャン司教書簡集』(一九八六年)。

中央大学人文科学研究所編『近代日本の形成と宗教問題〔改訂版〕』(中央大学出版部、一九九三年)。

山田光雄編著『帰ってきた旅の群像――浦上一村総流配者記録――』（聖母の騎士社、一九九四年）。

羽賀祥二『明治維新と宗教』（筑摩書房、一九九四年）。

片岡弥吉「異宗門徒人員帳の研究」（『キリシタン研究』第十四輯、吉川弘文館、一九七二年）。

鈴木裕子「明治政府のキリスト教政策――高札撤去に至る迄の政治過程――」（『史学雑誌』八六―二、一九七七年）。

あとがき

宗教問題にずぶの素人である私が、流配事件のことを調べるようになったのは、まったくひょんなことからであった。一九九四年の末に、『山口県史』の編纂の仕事を引きうけた私は、史料篇作成にむけての作業を始めるにあたって、山口県文書館を訪れた。そのとき、私の眼に飛びこんできたのが、萩に流された浦上キリシタンに関する記録である「異宗徒御預一件」であった。

流配事件については、以前からもちろん知っており、「異宗徒御預一件」の存在も記憶にあったが、それはごくごく薄いものにすぎなかった。そして、正直なところ、この問題に初めから強い関心をもったわけではなかった。

しかし、その後、関連する史料などを読みすすめるうちに、遠藤周作氏の小説やカトリック関係者の著作などで漠然と抱いていたイメージ（それは「殉難」の歴史であり物語であった）にとどまらない広がりが自分のなかに次第に形づくられるようになっていった。

それが、最終的には、外国人宣教師や信徒、あるいは外国政府の側からのみ事件を捉えるのではなく、維新政府や諸藩の側からも事件をみていくことで、流配事件の全体像を見極めるという発想につながっていった。

そして、この間、大きな疑問として涌きだしてきたのが、維新政府は旧弊をことごとく打破することを高らかに国の内外に宣言しながら、何故、宗教政策に限って旧習を踏襲しようとしたのか、それを明治六年二月の時点でどうして放棄せざるをえなかったのかという問題であった。

本書はこうした疑問を自分なりに解明しようとして成ったものである。私の力量不足から、思い違いや浅薄な理解が随所に見うけられることかと思う。しかし、すべてを疑ってかかることから始まった私のこの拙い著作が、それらのマイナス面にもかかわらず、当該問題の理解を深めるうえで、なんらかの寄与ができれば、筆者としてこれ以上の幸せはない。

なお、最後に記すことになったが、上述の文章からも解るように、本書は『山口県史』の史料篇（近代1）を作成しようとする過程で結実したものである。その点で県史編纂室の関係者各位のご協力がなければとても生みだせなかったものである。いちいち関係者各位の尊名を記すことはしないが、深く感謝申し上げておきたい。また、本書の出版にあたっては、吉川弘文館の永滝稔・柴田善也の両氏にも大変お世話になった。このことも併せて記しておきたい。

一九九七年十月

家近良樹

著者紹介

一九五〇年、大分県に生まれる
一九七三年、同志社大学文学部文化学科卒業
現在大阪経済大学助教授、文学博士(中央大学)

主要著書

幕末政治と倒幕運動

歴史文化ライブラリー
34

浦上キリシタン流配事件
キリスト教解禁への道

一九九八年二月一日 第一刷発行

著者 家近良樹(いえちかよしき)

発行者 吉川圭三

発行所 株式会社 吉川弘文館
東京都文京区本郷七丁目二番八号
郵便番号一一三―〇〇三三
電話〇三―三八一三―九一五一〈代表〉
振替口座〇〇一〇〇―五―二四四

印刷＝平文社 製本＝ナショナル製本
装幀＝山崎登(日本デザインセンター)

歴史文化ライブラリー

1996.10

刊行のことば

現今の日本および国際社会は、さまざまな面で大変動の時代を迎えておりますが、近づきつつある二十一世紀は人類史の到達点として、物質的な繁栄のみならず文化や自然・社会環境を謳歌できる平和な社会でなければなりません。しかしながら高度成長・技術革新にともなう急激な変貌は「自己本位な刹那主義」の風潮を生みだし、先人が築いてきた歴史や文化に学ぶ余裕もなく、いまだ明るい人類の将来が展望できていないようにも見えます。

このような状況を踏まえ、よりよい二十一世紀社会を築くために、人類誕生から現在に至る「人類の遺産・教訓」としてのあらゆる分野の歴史と文化を「歴史文化ライブラリー」として刊行することといたしました。

小社は、安政四年(一八五七)の創業以来、一貫して歴史学を中心とした専門出版社として書籍を刊行しつづけてまいりました。その経験を生かし、学問成果にもとづいた本叢書を刊行し社会的要請に応えて行きたいと考えております。

現代は、マスメディアが発達した高度情報化社会といわれますが、私どもはあくまでも活字を主体とした出版こそ、ものの本質を考える基礎と信じ、本叢書をとおして社会に訴えてまいりたいと思います。これから生まれでる一冊一冊が、それぞれの読者を知的冒険の旅へと誘い、希望に満ちた人類の未来を構築する糧となれば幸いです。

吉川弘文館

〈オンデマンド版〉
浦上キリシタン流配事件
キリスト教解禁への道

On Demand
歴史文化ライブラリー
34

2017年（平成29）10月1日　発行

著　者　家近良樹（いえちかよしき）
発行者　吉川道郎
発行所　株式会社　吉川弘文館
〒113-0033　東京都文京区本郷7丁目2番8号
TEL　03-3813-9151〈代表〉
URL　http://www.yoshikawa-k.co.jp/

印刷・製本　大日本印刷株式会社
装　幀　清水良洋・宮崎萌美

家近良樹（1950～）

ISBN978-4-642-75434-7